Prüfungstraining für Bankkaufleute

Wolfgang Grundmann • Rudolf Rathner

Sozialkunde

Prüfungswissen in Übersichten

 Springer Gabler

Wolfgang Grundmann
Norderstedt, Deutschland

Rudolf Rathner
Berufskolleg am Wasserturm
Bocholt, Deutschland

ISSN 2627-8588   ISSN 2627-8596 (electronic)
Prüfungstraining für Bankkaufleute
ISBN 978-3-658-39332-8   ISBN 978-3-658-39333-5 (eBook)
https://doi.org/10.1007/978-3-658-39333-5

Die Deutsche Nationalbibliothek verzeichnet diese Publikation in der Deutschen Nationalbibliografie; detaillierte bibliografische Daten sind im Internet über http://dnb.d-nb.de abrufbar.

Springer Gabler
© Springer Fachmedien Wiesbaden GmbH, ein Teil von Springer Nature 2022
Ursprünglich erschienen in der 10. Auflage von: Bankwirtschaft, Rechnungswesen und Steuerung, Wirtschafts- und Sozialkunde
Das Werk einschließlich aller seiner Teile ist urheberrechtlich geschützt. Jede Verwertung, die nicht ausdrücklich vom Urheberrechtsgesetz zugelassen ist, bedarf der vorherigen Zustimmung des Verlags. Das gilt insbesondere für Vervielfältigungen, Bearbeitungen, Übersetzungen, Mikroverfilmungen und die Einspeicherung und Verarbeitung in elektronischen Systemen.
Die Wiedergabe von allgemein beschreibenden Bezeichnungen, Marken, Unternehmensnamen etc. in diesem Werk bedeutet nicht, dass diese frei durch jedermann benutzt werden dürfen. Die Berechtigung zur Benutzung unterliegt, auch ohne gesonderten Hinweis hierzu, den Regeln des Markenrechts. Die Rechte des jeweiligen Zeicheninhabers sind zu beachten.
Der Verlag, die Autoren und die Herausgeber gehen davon aus, dass die Angaben und Informationen in diesem Werk zum Zeitpunkt der Veröffentlichung vollständig und korrekt sind. Weder der Verlag, noch die Autoren oder die Herausgeber übernehmen, ausdrücklich oder implizit, Gewähr für den Inhalt des Werkes, etwaige Fehler oder Äußerungen. Der Verlag bleibt im Hinblick auf geografische Zuordnungen und Gebietsbezeichnungen in veröffentlichten Karten und Institutionsadressen neutral.

Planung/Lektorat: Guido Notthoff
Springer Gabler ist ein Imprint der eingetragenen Gesellschaft Springer Fachmedien Wiesbaden GmbH und ist ein Teil von Springer Nature.
Die Anschrift der Gesellschaft ist: Abraham-Lincoln-Str. 46, 65189 Wiesbaden, Germany

Vorwort

Das Gesamtwerk „Prüfungswissen in Übersichten" hat mittlerweile einen Umfang von über 400 Seiten erreicht. Mit seiner Hilfe haben Sie den gesamten Lernstoff, der für Ihre Ausbildung relevant ist, im Griff.

Für den Fall, dass Sie gezielt die Inhalte eines einzelnen Lerngebietes trainieren möchten, haben wir das Gesamtwerk in vier handliche Teilbände aufgeteilt.

Dieser Band enthält das Prüfungswissen Sozialkunde.

Für die Vorbereitung auf Ihre Klausuren und Prüfungen wünschen wir Ihnen viel Erfolg.

Hamburg und Bocholt im September 2022

Wolfgang Grundmann   Rudolf Rathner

wolfgang@grundmann-norderstedt.de   R@thner.de

Vorwort zur 10. Auflage des Gesamtwerkes „Bankwirtschaft, Rechnungswesen und Steuerung, Wirtschafts- und Sozialkunde – Prüfungswissen in Übersichten"

Haben Sie auch zu Beginn und während Ihrer Bankausbildung festgestellt, dass Sie mit komplexen Lerninhalten überhäuft wurden?

Das Nacharbeiten in den traditionellen Lehrbüchern hat Sie möglicherweise auch nicht weitergebracht. Einzelne Lerngebiete werden bis ins kleinste Detail ausführlich beschrieben und am Ende des Kapitels waren Sie auch nicht klüger, oder? Für Sie als Berufsanfänger ist es schwierig, aus der Fülle der komplexen Lerninhalte das Strukturwissen herauszuarbeiten, das Sie benötigen, um die anstehenden Klausuren und Prüfungen mit gutem Erfolg zu bestehen.

Gehören Sie auch zu den Auszubildenden, die sich ein paar Tage vor einer Klausur oder einer Prüfung intensiv vorbereiten? Und haben Sie festgestellt, dass Sie danach Ihr Gelerntes wieder schnell vergessen haben?

Sie mussten in Ihrem Kurzzeitgedächtnis wieder Platz machen für die Aneignung neuer Lerninhalte. Mit unserem vorliegenden Werk können Sie die wichtigsten Regeln und Details der Lerngebiete Ihrer Prüfungsfächer Bankwirtschaft, Rechnungswesen und Steuerung sowie Wirtschafts- und Sozialkunde schnell und kompakt für Ihre anstehenden Klausuren, Ihre Abschlussprüfung Teil 1 und Teil 2 aneignen, wiederholen und festigen.

Die einzelnen Lerngebiete sind der aktuellen Ausbildungsordnung und dem neuen Prüfungskatalog Bankkaufmann/Bankkauffrau für die Abschlussprüfung Teil 1 und Teil 2 entnommen worden. Die einzelnen Lerninhalte sind übersichtlich dargestellt und enthalten nur die wesentlichen Details, die Sie für den erfolgreichen Abschluss Ihrer Abschlussprüfung benötigen. Details, die von Ihnen in den schriftlichen Prüfungen nicht abgefordert werden können, wurden in diesem Werk nicht berücksichtigt. Die übersichtliche Darstellung der einzelnen Lerngebiete hilft Ihnen, sich die notwendigen Prüfungsinhalte in kurzer Zeit anzueignen oder zu wiederholen.

Sie finden am Ende der einzelnen Lerngebiete jeweils relevante Praxisbeispiele oder einfache Rechenbeispiele, mit denen Sachverhalte kurz und prägnant verdeutlicht werden.

Wie können Sie unser Werk zur Vorbereitung auf einzelne Klausuren bzw. zur Vorbereitung auf die Abschlussprüfung Teil 1 und Teil 2 nutzen?

Zunächst eignen Sie sich mit unserem neuen Werk das Strukturwissen zu den einzelnen Lerngebieten an. Das können Regeln, Verfahrensweisen, Betrags- und Meldegrenzen oder bestimmte Lerngebietsdetails sein. Die Abschlussprüfung Bankkaufmann/Bankkauffrau Teil 1 und Teil 2 besteht vorwiegend aus programmierten Aufgaben neben handlungsorientierten Bankfällen. Sie werden feststellen, dass Sie mit dem angeeigneten Strukturwissen jetzt programmierte Übungsaufgaben und situations-und handlungsorientierte Beispielfälle sicher und zuverlässig lösen können – ein Lernerfolg, der sich auch in Ihrer Abschlussprüfung Teil 1 und Teil 2 niederschlagen wird.

Die 10. Auflage wurde neu bearbeitet und auf den rechtlich aktuellen Stand gebracht. Grundlage der 10. Auflage waren die überarbeiteten Inhalte des neuen Prüfungskatalogs für den Ausbildungsberuf Bankkaufmann/Bankkauffrau. Die inhaltliche Gliederung wurde dem neuen Prüfungskatalog angepasst. Die Freigrenzen und Freibeträge wurden für das Ausbildungsjahr 2022 aktualisiert. Das Kapitel Online-Banking wurde um sichere TAN-Verfahren ergänzt und der inländische Zahlungsverkehr durch das Smartphone-Bezahlverfahren erweitert. Neu hinzugekommen sind die aktuellen Informationen zu den Sicherheitsvorschriften bei Internetkäufen mit Kreditkartenzahlungen nach dem Zwei-Faktoren-Authentifizierungsverfahren. Die Inhalte zum Pfändungsschutzkonto entsprechen den neuen gesetzlichen Veränderungen, die im Dezember 2021 in Kraft getreten sind. Im Zahlungsverkehr finden die aktuellen Verfügungs- und Haftungsgrenzen bei Kartenzahlungen, insbesondere beim Girogo-Verfahren Berücksichtigung. Die Informationen zum Wohnungsbau-Prämiengesetz wurden ebenfalls aktualisiert. Im Kapitel Geld- und Vermögensanlage wurden die Neuregelungen der DAX-Indizes und die Neuregelungen im Aktiengesetz zur Möglichkeit von Beschlussfassungen auf virtuellen Hauptversammlungen von Aktiengesellschaften aufgenommen und weitere Informationen zur Investmentbesteuerung in die Strukturübersichten eingearbeitet. Die gesetzlichen Vorschriften zu den Fernabsatzverträgen wurden aktualisiert. Die Beiträge und Beitragsbemessungsgrenzen in der Sozialen Sicherung wurden auf den Stand von 2022 gebracht.

Hamburg und Bocholt im Mai 2022

Wolfgang Grundmann   Rudolf Rathner

wolfgang@grundmann-norderstedt.de   R@thner.de

Inhaltsverzeichnis

Prüfungswissen Sozialkunde 1

A Individualarbeitsrecht 3
    1. Ausbildungsvertrag.. 3
    2. Arbeitsvertrag 6
    3. Arbeitszeugnis 10
    4. Urlaubsregelungen 12
    5. Arbeitsunfähigkeit wegen Krankheit 13
    6. Arbeitsschutz...14
        6.1 Regelungen nach dem Mutterschutzgesetz 14
        6.2 Jugendarbeitsschutz 15
        6.3 Kündigungsschutz für Arbeitnehmer 16
        6.4 Kündigungsfristen 18
        6.5 Besonderer Kündigungsschutz 20
        6.6 Beschäftigtendatenschutz 20

B Betriebliche Mitbestimmung 23
    1. Organisation der Jugend- und Auszubildendenvertretung (JAV) und des Betriebsrats..23
    2. Aufgaben der Jugend- und Auszubildendenvertretung (JAV) 25
    3. Aufgaben des Betriebsrats 26
    4. Betriebsversammlung..28

C Sozialrecht 29
    1. Soziale Sicherung 29
    2. Berechnung von Sozialbeiträgen 31
    3. Vergleich von gesetzlicher und privater Krankenversicherung 32
    4. Gesetzliche Altersrente 33
    5. Betriebliche Altersvorsorge 34
    6. Arbeitslosengeld..38
    7. Sicherheitsbeauftragter 39

D Kollektives Arbeitsrecht 41
    1. Tarifvertrag 41
    2. Arten von Tarifverträgen 42
    3. Koalitionsfreiheit und Tarifautonomie..43
    4. Tarifverhandlungen..46
    5. Tarifvereinbarungen und Betriebsvereinbarungen 47
    6. Vergleich Arbeitsvertrag, Betriebsvereinbarung und Tarifvertrag.... 48

PRÜFUNGSWISSEN SOZIALKUNDE

A Individualarbeitsrecht

1. Ausbildungsvertrag

Wichtige Regelungen im Ausbildungsvertrag nach dem Berufsbildungsgesetz (BBiG)

Zustandekommen des Ausbildungsvertrags §§ 10, 11 BBiG in Verbindung mit §§ 145 und 151 BGB	1. Willenserklärung durch den Ausbildungsbetrieb (Antrag) und 2. Willenserklärung durch den Auszubildenden (Annahme)
Vertragsschluss mit beschränkt Geschäftsfähigen § 11 Abs. 2 BBiG	Unterschrift durch den Auszubildenden, die gesetzlichen Vertreter (Eltern oder Vormund) und den Zeichnungsberechtigten der Bank
Rechtsfähigkeit § 1 BGB	Träger von Rechten und Pflichten
Geschäftsfähigkeit §§ 104 bis 113 BGB	Ist die Fähigkeit, durch wirksame Willenserklärungen Rechtsgeschäfte rechtsverbindlich abschließen zu können; bei natürlichen Personen ab 18 Jahre.
Minderjährige: Geschäftsunfähige Personen nach § 104 BGB Beschränkt geschäftsfähige Personen nach § 106 BGB	Geschäftsunfähige haben nach dem Gesetz keinen rechtsgeschäftlich bedeutsamen Willen. Für sie handeln stets die gesetzlichen Vertreter. Beschränkt Geschäftsfähige bedürfen zur Willenserklärung, durch die sie nicht lediglich einen rechtlichen Vorteil erlangen, der Zustimmung ihrer gesetzlichen Vertreter. Die Zustimmung kann im Voraus (Einwilligung) oder nachträglich (Genehmigung) erteilt werden. Alter: 7 Jahre bis 18 Jahre Schließt ein Minderjähriger einen Vertrag, durch den er nicht lediglich einen rechtlichen Vorteil erlangt, ohne die vorherige Zustimmung (Einwilligung) des gesetzlichen Vertreters, so hängt die Wirksamkeit des Vertrages von der nachträglichen Zustimmung (Genehmigung) des Vertreters ab (§ 108 BGB). Bis zur Zustimmung ist der Vertrag schwebend unwirksam. Einseitige Rechtsgeschäfte Minderjähriger, z. B. die Kündigung eines Ausbildungsvertrags durch einen Minderjährigen, sind nur mit Einwilligung des gesetzlichen Vertreters wirksam (§ 111 BGB). Sie können nicht nachträglich genehmigt werden.

Pflichten des Auszubildenden § 13 BBiG	• Lernpflicht • Teilnahme an Ausbildungsmaßnahmen, z. B. Berufsschulunterricht • Befolgen von Weisungen im Rahmen der Berufsausbildung • Beachtung der Betriebsordnung, z. B. Beginn und Ende der täglichen Arbeits- bzw. Ausbildungszeit • Pflegliche Behandlung des Betriebsinventars, z. B. PC • Geheimhaltungspflicht
Pflichten des Ausbildenden § 14 BBiG	• Qualifizierungspflicht • kostenlose Zurverfügungstellung von Ausbildungsmitteln • Zahlung einer Ausbildungsvergütung • Freistellung für Berufsschule • Kontrolle von Ausbildungsnachweisen, z. B. Berichtshefte von Auszubildenden • Übernahme von Erziehungsaufgaben • Übertragung von Aufgaben im Rahmen der Berufsausbildung und der körperlichen Eignung
Ausbildungsvergütung §§ 17 bis 19 BBiG	• mindestens jährlich ansteigend • angemessen • altersgerecht • Sachleistungen möglich • Mehrarbeit ist zu vergüten oder Freizeitausgleich. • zahlbar: spätestens am letzten Ausbildungstag eines Monats • Entgeltfortzahlung bis zu sechs Wochen, z. B. wegen unverschuldeter Krankheit • Höhe der Ausbildungsvergütung i. d. R. laut Tarifvertrag
Probezeit § 20 BBiG	mindestens ein Monat bis maximal vier Monate (Beispiel: Probezeit drei Monate, Ausbildungsbeginn 01.08.20.., Ende der Probezeit 31.10.20..)
Kündigung des Ausbildungsverhältnisses § 22 BBiG und § 102 Betriebsverfassungsgesetz	• während der Probezeit: von beiden Vertragspartnern, jederzeit ohne Kündigungsfrist, ohne Angabe von Gründen, schriftlich • nach der Probezeit: aus wichtigem Grund von beiden Vertragspartnern schriftlich, ohne Kündigungsfrist; • nach der Probezeit: nur vom Auszubildenden, Kündigungsfrist vier Wochen, Gründe: Aufgabe der Berufsausbildung oder andere Berufsausbildung, schriftlich • Nach dem Betriebsverfassungsgesetz ist der Betriebsrat vor jeder Kündigung zu hören. Der Ausbilder hat ihm die Gründe für die Kündigung mitzuteilen. Eine ohne Anhörung des Betriebsrats ausgesprochene Kündigung ist unwirksam.

Beendigung des Ausbildungsverhältnisses §§ 21, 22 BBiG	• Kündigung • mit Bestehen der Abschlussprüfung mit Bekanntgabe des Prüfungsergebnisses durch den Prüfungsausschuss • Bei Nichtbestehen der Abschlussprüfung: Verlängerung des Berufsausbildungsverhältnisses auf Verlangen des Auszubildenden bis zur nächstmöglichen Wiederholungsprüfung, höchstens um ein Jahr
Weiterbeschäftigung nach der Ausbildung § 24 BBiG und § 2 Nachweisgesetz	• schlüssiges Verhalten von Arbeitgeber und Arbeitnehmer, z. B. Aufforderung zur Bedienung von Kunden nach bestandener Abschlussprüfung und Bedienung der Kunden durch Arbeitnehmer (Beachte: Vorschriften des Nachweisgesetzes: spätestens ein Monat nach Arbeitsaufnahme Übergabe der Urkunde mit den vertragswesentlichen Inhalten des Arbeitsvertrages, unterschrieben vom Arbeitgeber) • Nach dem Nachweisgesetz hat der Arbeitgeber spätestens einen Monat nach dem vereinbarten Beginn des Arbeitsverhältnisses die wesentlichen Vertragsbedingungen schriftlich niederzulegen, die Niederschrift zu unterzeichnen und dem Arbeitnehmer auszuhändigen. In die Niederschrift sind mindestens aufzunehmen: Name und Anschrift der Vertragsparteien; Zeitpunkt des Beginns des Arbeitsverhältnisses; bei befristeten Arbeitsverhältnissen die vorhersehbare Dauer; der Arbeitsort; Beschreibung der vom Arbeitnehmer zu leistenden Arbeitstätigkeiten; Höhe und Zusammensetzung und Fälligkeit des Arbeitsentgelts; vereinbarte Arbeitszeit; Dauer des jährlichen Erholungsurlaubs; Fristen für die Kündigung des Arbeitsverhältnisses; Hinweis auf Tarifverträge, Betriebs- oder Dienstvereinbarungen.
Ausbildungszeugnis § 16 BBiG	Ausbildende haben dem Auszubildenden bei Beendigung des Ausbildungsverhältnisses ein schriftliches Zeugnis auszustellen. Das Zeugnis muss Angaben enthalten über Art, Dauer und Ziel der Berufsausbildung sowie über die erworbenen beruflichen Fertigkeiten, Kenntnisse und Fähigkeiten der Auszubildenden. Auf Verlangen Auszubildender sind auch Angaben über Verhalten und Leistung aufzunehmen.

Probezeit und Kündigungsmöglichkeiten eines Ausbildungsverhältnisses
Beispiel 1:
Beginn des Ausbildungsverhältnisses: 01.09.2021
Probezeit: 4 Monate, Ende der Probezeit: 31.12.2021
Beispiel 2: Kündigung während der Ausbildungszeit
Beginn des Ausbildungsverhältnisses: 01.08.2021
Probezeit: 4 Monate, Kündigung des Ausbildungsverhältnisses durch den Auszubildenden oder Ausbildungsbetrieb: 20.08.2021, Ende des Ausbildungsverhältnisses: 20.08.2021

Beispiel 3:
Ausbildungsbeginn: 01.08.2021
Probezeit: 3 Monate, Kündigung des Ausbildungsverhältnisses durch den Auszubildenden: Kündigungszugang an den Ausbildungsbetrieb: 21.12.2021, Ende des Ausbildungsverhältnisses: 18.01.2022

2. Arbeitsvertrag

Vertragspartner	Arbeitnehmer und Arbeitgeber
Zustandekommen des Arbeitsvertrags nach §§ 145 und 151 BGB in Verbindung mit § 611 BGB	1. Willenserklärung durch den Arbeitgeber (Arbeitsplatzangebot/Antrag) 2. Willenserklärung durch den Arbeitnehmer (Annahme)
Vertragsschluss mit beschränkt Geschäftsfähigen nach § 113 BGB	Der Minderjährige wird durch seinen gesetzlichen Vertreter zur Eingehung eines Dienst- oder Arbeitsverhältnisses und zur Erfüllung aller sich daraus ergebenden Verpflichtungen ermächtigt. Der Minderjährige ist in diesen Fällen voll geschäftsfähig für Rechtsgeschäfte, die im Rahmen der erteilten Ermächtigungen liegen. Das Ausbildungsverhältnis zählt nicht zu den Arbeitsverhältnissen im Sinne von § 113 BGB. Die Eingehung eines Ausbildungsvertrages erweitert die Geschäftsfähigkeit nicht.
Rechtsfähigkeit nach § 1 BGB	Mit Vollendung der Geburt ist eine Person Träger von Rechten und Pflichten. Beispiele: Erbe, Wohnungseigentümer usw.
Geschäftsfähigkeit nach §§ 104 bis 113 BGB	Ist die Fähigkeit natürlicher Personen ab 18 Jahren, durch wirksame Willenserklärungen Rechtsgeschäfte abschließen zu können.
Minderjährige: geschäftsunfähige Personen nach § 104 BGB	Geschäftsunfähige haben nach dem Gesetz keinen rechtsgeschäftlich bedeutsamen Willen. Für sie handeln stets die gesetzlichen Vertreter.
beschränkt geschäftsfähige Personen nach § 106 BGB	Beschränkt Geschäftsfähige bedürfen zur Willenserklärung, durch die sie nicht lediglich einen rechtlichen Vorteil erlangen, der Zustimmung ihrer gesetzlichen Vertreter. Die Zustimmung kann im Voraus (Einwilligung) oder nachträglich (Genehmigung) erteilt werden, Alter: sieben Jahre bis 18 Jahre. Schließt ein Minderjähriger einen Vertrag, durch den er nicht lediglich einen rechtlichen Vorteil erlangt, ohne die vorherige Zustimmung (Einwilligung) des gesetzlichen Vertreters, so hängt die Wirksamkeit des Vertrages von der nachträglichen Zustimmung (Genehmigung) des Vertreters ab (§ 108 BGB). Bis zur Zustimmung ist der Vertrag schwebend unwirksam. Einseitige Rechtsgeschäfte Minderjähriger, z. B. die Kündigung eines Ausbildungsvertrags durch einen Minderjährigen, sind nur mit Einwilligung des gesetzlichen Vertreters wirksam (§ 111 BGB). Sie können nicht nachträglich genehmigt werden.

A Individualarbeitsrecht

	Nach § 113 Abs. 1 BGB ist der Minderjährige für solche Rechtsgeschäfte unbeschränkt geschäftsfähig, welche die Eingehung oder Aufhebung eines Dienst- oder Arbeitsverhältnisses der gestatteten Art oder die Erfüllung der sich aus einem solchen Verhältnis ergebenden Verpflichtungen betreffen, wenn der gesetzliche Vertreter den Minderjährigen ermächtigt hat, in Dienst oder Arbeit zu treten.	
Vergleich zwischen abhängigem Beschäftigungsverhältnis und selbstständiger Tätigkeit	**Arbeitnehmer** • persönliche Abhängigkeit vom Arbeitgeber in einem Dauerschuldverhältnis • Er ist dem Arbeitgeber gegenüber weisungsabhängig hinsichtlich der Art und Durchführung der Aufgabe, des Ortes der Arbeitsleistung, des Arbeitsplatzes und der Arbeitszeit. • Er ist in das Unternehmen eingegliedert (Abteilung, Arbeitsgruppe). • Er trägt kein Unternehmerrisiko (er erhält auch Gehalt bei einem Auftragsmangel). • i. d. R. sozialversicherungspflichtig • Lohnsteuerabzugsverfahren	**Selbstständiger** • kein Abhängigkeitsverhältnis, kein Dauerschuldverhältnis • Er ist nicht weisungsgebunden. • keine Eingliederung in einen fremden Betrieb • Er trägt das Risiko des geschäftlichen Erfolgs selbst. • i. d. R. nicht sozialversicherungspflichtig • Einkommensteuervorauszahlungen
Pflichten des Arbeitnehmers	**Arbeitspflicht:** Er muss Weisungen befolgen. Der Arbeitgeber hat das Direktionsrecht nach § 315 BGB (Bestimmung der Leistung durch eine Partei). Er kann im Rahmen des Arbeitsverhältnisses die Arbeitsbedingungen einseitig soweit bestimmen und abändern, wenn er nicht den Inhalt des Arbeitsvertrags verändert. **Treuepflicht:** Das Arbeitsverhältnis hat einen personalen Charakter. Der Arbeitnehmer hat die Interessen des Unternehmens zu wahren, er hat alles zu unterlassen, was dem Unternehmen schadet. Grundlage ist § 241 Abs. 2 BGB: Das Schuldverhältnis kann nach seinem Inhalt jeden Teil zur Rücksicht auf die Rechte, Rechtsgüter und Interessen des anderen Teils verpflichten. **Pflicht zur Verschwiegenheit:** Verbot der Annahme von Schmiergeldern, Wettbewerbsverbot, Unterlassung ruf- und kreditschädigender Mitteilungen, nach Eigenart des Arbeitsplatzes die Zurückhaltung bei politischer Betätigung **Informationspflicht:** Störungen im Betriebsablauf melden	

Pflichten des Arbeitgebers	**Gehaltszahlungspflicht** **Fürsorgepflicht:** Diese Pflicht entspricht der Treuepflicht des Arbeitnehmers. Pflicht zur Gewährung von Urlaub, Pflicht zum Schutz von Gesundheit und Leben des Arbeitnehmers, Pflicht zur Ausstellung eines Arbeitszeugnisses, Pflicht zur Gleichbehandlung bei Maßnahmen mit kollektivem Charakter; Arbeitsvertragliche Pflicht: Gewährung einer betrieblichen Altersversorgung
Freistellung von der Arbeit nach § 616 BGB und § 16 MTV	**§ 616 BGB (Vorübergehende Verhinderung)** Der zur Dienstleistung Verpflichtete wird des Anspruchs auf die Vergütung nicht dadurch verlustig, dass er für eine verhältnismäßig nicht erhebliche Zeit durch einen in seiner Person liegenden Grund ohne sein Verschulden an der Dienstleistung verhindert wird. Er muss sich jedoch den Betrag anrechnen lassen, welcher ihm für die Zeit der Verhinderung aus einer auf Grund gesetzlicher Verpflichtung bestehenden Kranken- oder Unfallversicherung zukommt. **§ 16 MTV (Arbeitsbefreiung)** Arbeitnehmern, die öffentliche Ehrenämter bekleiden, ist zur Ausübung ihres Ehrenamtes Arbeitsbefreiung zu gewähren, auch wenn dies nicht bereits gesetzlich vorgeschrieben ist. Eine Anrechnung auf den Erholungsurlaub ist nicht zulässig. Weitere Befreiungstatbestände unter Fortzahlung des Gehalts und ohne Anrechnung auf den Erholungsurlaub: • eigene Eheschließung: zwei Arbeitstage • Hochzeit der Kinder: ein Arbeitstag • Goldene Hochzeit der Eltern: ein Arbeitstag • Niederkunft der Ehefrau: ein Arbeitstag • Tod des Ehegatten: zwei Arbeitstage • Tod der Eltern, Schwiegereltern, Kinder, Geschwister oder Großeltern: ein Arbeitstag • Umzug: ein Arbeitstag

Vergleich Ausbildungsvertrag – Arbeitsvertrag

Aspekte	Berufsausbildungsverhältnis	Arbeitsverhältnis
Inhalt festgelegt durch	• Berufsausbildungsvertrag zwischen Auszubildenden und Ausbildenden • Ausbildungsverordnung • Berufsbildungsgesetz • Jugendarbeitsschutzgesetz • Tarifvertrag bei Vereinbarung im Berufsausbildungsvertrag	• Arbeitsvertrag zwischen Arbeitgeber und Arbeitnehmer • Tarifvertrag bei Tarifbindung • Betriebsvereinbarung • gesetzliche Vorschriften (z. B. Arbeitsschutzvorschriften)

A Individualarbeitsrecht

Aspekte	Berufsausbildungsverhältnis	Arbeitsverhältnis
Rechte	• qualifizierte Berufsausbildung zur Erreichung des Ausbildungszieles • Anspruch auf eine Vergütung • Anspruch auf verfügbare Ausbildungsmittel an der Ausbildungsstätte • Anspruch auf Fürsorge, d. h. auf Schutz und „Berufserziehung" • Anspruch auf Ausstellung eines Zeugnisses	• Gehaltszahlungsanspruch • Anspruch auf Fürsorge
Pflichten	• Lernpflicht • Pflicht zum Berufsschulbesuch • Führen des Berichtshefts • Verrichtungen und Aufgaben im Rahmen des Berufsausbildungsverhältnisses weisungsgemäß ausführen • Schweigepflicht	• Arbeitspflicht • Treuepflicht
Zweck	• qualifizierte Berufsausbildung	• weisungsgebundene Arbeitspflicht gegen Gehaltszahlung
Dauer	• befristet, der sachliche Grund für die Befristung ist die Berufsausbildung.	• Arbeitsvertrag auf unbestimmte Zeit abgeschlossen, ein Dauerschuldverhältnis wird begründet. • befristet für eine bestimmte Zeit, z. B. sechs Monate
Beendigung ordentlich	• durch Fristablauf bzw. vorzeitig durch Bestehen der Abschlussprüfung	• befristete Verträge: nach Ablauf der Befristung i. d. R. ohne Kündigung • unbefristete Verträge: durch Kündigung und Ablauf der Kündigungsfrist • durch Aufhebungsvertrag
Kündigung	• Kündigung während und nach der Probezeit nach § 22 BBiG (Aufhebungsvertrag ist möglich.)	• ordentliche Kündigung (Aufhebungsvertrag ist möglich.) • außerordentliche Kündigung

3. Arbeitszeugnis
Wichtige Hinweise zum Arbeitszeugnis

Bedeutung und Funktionen	Einschätzung des neuen Arbeitnehmers durch den Personalchef **Definition:** Ein Arbeitszeugnis gibt Auskunft über Art und Dauer der Tätigkeiten, der Leistungen und Kenntnisse, sowie über das Verhalten des Arbeitnehmers. Je nach Qualität des Arbeitszeugnisses kann es das berufliche Fortkommen des Arbeitnehmers erleichtern oder auch erschweren. **Funktionen:** • Nachweisfunktion • Eignungsfunktion
Gesetzliche Grundlage	Gewerbeordnung § 106 Abs. 2: Das Arbeitszeugnis darf keine „Geheimcodes" enthalten, das Zeugnis muss klar und verständlich formuliert sein. Es darf keine Merkmale oder Formulierungen enthalten, die den Zweck haben, eine andere als aus der äußeren Form oder aus dem Wortlaut ersichtliche Aussage über den Arbeitnehmer zu treffen. Der Arbeitgeber ist gesetzlich dazu verpflichtet, ein Arbeitszeugnis auszustellen, vorausgesetzt es lag oder liegt ein dauerhaftes Arbeitsverhältnis vor. Von sich aus muss der Arbeitgeber die Ausstellung nicht veranlassen. Erst auf das Verlangen des Arbeitnehmers ist der Arbeitgeber zur Zeugnisausstellung verpflichtet. Des Weiteren entscheidet der Arbeitnehmer, ob er die Ausstellung eines einfachen oder eines qualifizierten Zeugnisses wünscht. Im Übrigen verjährt der Anspruch auf ein Zeugnis nach 3 Jahren. Ein Zeugnis sollte noch vor bzw. direkt nach Beendigung des Arbeitsverhältnisses verlangt/ausgestellt werden.
Beurteilungscodes der Arbeitgeber	Zufriedenheitsskala sehr gut: „… hat Aufgaben stets zu unserer vollsten Zufriedenheit erledigt …" gut: „… hat Aufgaben stets zu unserer vollen Zufriedenheit erledigt …" befriedigend: „… hat Aufgaben zu unserer vollen Zufriedenheit erledigt …" ausreichend: „… hat Aufgaben zu unserer Zufriedenheit erledigt …" mangelhaft: „… hat sich bemüht, die Aufgaben zu unserer Zufriedenheit zu erledigen …"
Beispiele für Zeugnisklauseln	„Während ihrer Ausbildungszeit wurde sie im Privat-, Firmen- und Individualkundengeschäft eingesetzt und *hat dort erfahren*, dass die Kundenorientierung in unserem Beruf im Mittelpunkt des Denkens und Handelns steht." Das bedeutet im Klartext: Sie hat in diesen Abteilungen die Lerninhalte nicht aktiv umgesetzt; dies entspricht der Zeugnisnote ausreichend. „Schon als Auszubildende bewies sie verkäuferische Fähigkeiten und zeigte eine *ordentliche Auffassungsgabe*." Das bedeutet im Klartext: entspricht der Zeugnisnote befriedigend

	„Sie hat die *wesentlichen Fertigkeiten und Kenntnisse* einer Bankkauffrau erlernt." Das bedeutet im Klartext: Das entspricht der Zeugnisnote ausreichend. „Frau Schröder hat zu unserer *vollen Zufriedenheit* gelernt und gearbeitet." Das bedeutet im Klartext: Das entspricht der Zeugnisnote befriedigend. „Er war ein *gewissenhafter Mitarbeiter*." Das bedeutet im Klartext: Er war zur Stelle, wenn man ihn brauchte, aber nicht immer brauchbar. „Herr Schulte kümmerte sich *stets um die Belange seiner Mitarbeiter*." Das bedeutet im Klartext: Er ist engagiertes Betriebsratsmitglied. „Für die *Belange der Belegschaft* bewies er ein *umfassendes Einfühlungsvermögen*." Das bedeutet im Klartext: Er ist homosexuell. „Herr Müller *war bemüht* ... Wir bestätigen Herrn Müller gerne, dass wir mit seinen Leistungen *voll zufrieden* waren." Das bedeutet im Klartext: Solch ein Widerspruch in einem Arbeitszeugnis wird negativ beurteilt. „Herr Schulze kam *stets pünktlich* zur Arbeit." Das bedeutet im Klartext: Es werden Selbstverständlichkeiten ins Arbeitszeugnis aufgenommen, weil wesentliche Fähigkeiten fehlen, z. B. bei einem Kassierer branchenübliche Eigenschaften wie Ehrlichkeit, Zuverlässigkeit und Vertrauenswürdigkeit. Leerstellen in einem Arbeitszeugnis werden negativ beurteilt, z. B. wenn der Umgang mit Kunden und Vorgesetzten oder Mitarbeitern nicht beurteilt wird.
Weitere gesetzliche Regelungen zum Arbeitszeugnis	• Der Arbeitgeber muss die Leistungen wahrheitsgetreu angeben (Der Wahrheitsgehalt geht über das Wohlwollen). • Die ausgeübten Tätigkeiten sollten vollständig aufgeführt werden. • Geheimcodes sind verboten. • Durch das Zeugnis sollten dem Arbeitnehmer keine unnötigen Nachteile entstehen. • Krankheitszeiten dürfen nicht angegeben werden. • Der Kündigungsgrund darf nur mit Zustimmung des Arbeitnehmers im Arbeitszeugnis erscheinen. • Des Weiteren gehören Partei- und Gewerkschaftszugehörigkeiten nicht in ein Arbeitszeugnis.
Aussteller des Arbeitszeugnisses	In der Regel werden Arbeitszeugnisse von einem Mitarbeiter der Personalabteilung erstellt. In kleineren Betrieben zeichnet oft der Chef selber dafür verantwortlich. Das Arbeitszeugnis sollte vom Personalchef unterzeichnet werden.
Arten von Arbeitszeugnissen	Es wird zwischen dem einfachen und dem qualifizierten Arbeitszeugnis unterschieden. Beide unterscheiden sich in Inhalt und Aufbau.

Beispiel eines Ausbildungszeugnisses:

Nordbank AG
Zeugnis
Frau Sophie Schröder,
geboren am 15.03.2002 in Norderstedt,

begann ihre Ausbildung zur Bankkauffrau am 01.08.2020 in unserem Hause.
Im Rahmen ihrer Ausbildung hat Frau Schröder kunden- und marktorientierte Handlungskompetenz erworben. Sie hat gelernt, Arbeitsprozesse selbstständig zu planen, durchzuführen und zu kontrollieren. Während ihrer Ausbildungszeit wurde sie im Privat-, Firmen- und Individualkundengeschäft eingesetzt und hat dort erfahren, dass die Kundenorientierung in unserem Beruf im Mittelpunkt des Denkens und Handelns steht. Die erforderlichen theoretischen Grundlagen hat sie sich in der Berufsschule sowie eigenverantwortlich über unsere Online-Akademie angeeignet und ihre Kenntnisse in internen Seminaren und Verkaufstrainings vertieft.
Frau Schröder interessierte sich in hohem Maße für die Aufgabenfelder und war gut motiviert. Schon als Auszubildende bewies sie verkäuferische Fähigkeiten und zeigte eine ordentliche Auffassungsgabe. Frau Schröder verstand sich als Dienstleisterin für ihre internen und externen Kunden und stellte sich aktiv auf deren Bedürfnisse ein. Sie hat die wesentlichen Fertigkeiten und Kenntnisse einer Bankkauffrau erlernt.
Frau Schröder behielt auch bei gleichzeitig anfallenden Aufgaben und unter Zeitdruck die Übersicht, bewahrte Ruhe und setzte die richtigen Prioritäten. Die ihr im Rahmen der Ausbildung übertragenen Aufgaben erledigte sie quantitativ und qualitativ gut. Frau Schröder hat zu unserer vollen Zufriedenheit gelernt und gearbeitet.
Ihr Verhalten gegenüber Vorgesetzten, Ausbildern, Mitarbeitern und Mitauszubildenden sowie unseren Kunden war immer einwandfrei. Mit ihren Umgangsformen waren wir sehr zufrieden.
Am 20.06.2022 hat Frau Schröder ihre Abschlussprüfung vor der Handelskammer Hamburg bestanden und verlässt unser Unternehmen nach Beendigung ihrer Berufsausbildung auf eigenen Wunsch. Wir danken ihr für die angenehme Zusammenarbeit während der Ausbildungszeit und wünschen ihr weiterhin alles Gute.

Hamburg, den 20.06.2022
Nordbank AG

4. Urlaubsregelungen

Anspruchsgrundlage	• Bundesurlaubsgesetz (BUrlG) • Jugendarbeitsschutzgesetz (JArbSchG) • Manteltarifvertrag (MTV) • Betriebsvereinbarungen
Anspruchsberechtigter Personenkreis	Arbeitnehmer und Auszubildende
Anspruch auf Gewährung von bezahltem Erholungsurlaub	• nach § 3 BUrlG 24 Werktage • nach § 19 JArbSchG je nach Alter (15, 16, 17 Jahre) 30, 27, 25 Werktage • nach § 15 MTV für privates Bankgewerbe 30 Arbeitstage

A Individualarbeitsrecht

Bedeutung des Urlaubsanspruchs für Arbeitnehmer und Auszubildende	• Freistellung von der Arbeitspflicht bzw. Lernpflicht und Anspruch auf Entgeltfortzahlung während des Urlaubs • ggf. Sonderzahlungen als Urlaubsgeld im Rahmen einer Betriebsvereinbarung möglich • keine Erwerbstätigkeit während der Urlaubszeit
Voraussetzungen für den Anspruch auf Erholungsurlaub	• Entstehung des vollen Urlaubsanspruchs, wenn Arbeitsverhältnis länger als sechs Monate • ansonsten Anspruch auf Teilurlaub • Inanspruchnahme des Urlaubs innerhalb eines Kalenderjahres, spätestens in Ausnahmefällen bis zum 31.03. des Folgejahres mit Absprache
Behandlung des Urlaubsanspruchs bei Arbeitsplatzwechsel	• Scheidet ein Arbeitnehmer nach erfüllter Wartezeit in der ersten Hälfte eines Kalenderjahres aus einem Arbeitsverhältnis aus, und hat er bereits Urlaub über den ihm zustehenden Umfang hinaus erhalten, so kann das dafür gezahlte Urlaubsentgelt nicht zurückgefordert werden. • Der Arbeitgeber ist verpflichtet, bei Beendigung des Arbeitsverhältnisses dem Arbeitnehmer eine Bescheinigung über den im laufenden Kalenderjahr gewährten oder abgegoltenen Urlaub auszuhändigen.

5. Arbeitsunfähigkeit wegen Krankheit

Wichtige Regelungen

Anspruchsgrundlage	• Entgeltfortzahlungsgesetz (EFZG) • Manteltarifvertrag (MTV) • Bundesurlaubsgesetz (BUrlG) • Berufsbildungsgesetz (BBiG)
Anspruchsvoraussetzungen für die Entgeltfortzahlung im Krankheitsfall	• sofortige Information des Arbeitgebers über Art und Dauer der Arbeitsunfähigkeit • Beschaffung der ärztlichen Arbeitsunfähigkeitsbescheinigung spätestens am 3. Tag • Vorlage der Arbeitsunfähigkeitsbescheinigung beim Arbeitgeber spätestens am 4. Tag • Mitteilung an die gesetzliche Krankenversicherung • Beschäftigungsdauer: Arbeitnehmer/Auszubildender ist länger als vier Wochen ununterbrochen im Unternehmen beschäftigt.
Anspruchsberechtigter Personenkreis	• Arbeitnehmer und Auszubildende, die länger als vier Wochen ununterbrochen im Unternehmen beschäftigt sind.

| Ansprüche | • Entgeltfortzahlung im Krankheitsfall für längstens 6 Wochen
• Krankengeld von der gesetzlichen Krankenversicherung nach sechs Wochen
• Tarifgebundene Arbeitnehmer erhalten ggf. je nach Dauer der Betriebszugehörigkeit nach sechs Wochen Differenz zwischen Nettogehalt und Krankengeld vom Arbeitgeber. |
|---|---|
| Arbeitsunfähigkeit während des Erholungsurlaubs | • Anspruchsvoraussetzung: ärztliche Arbeitsunfähigkeitsbescheinigung und sofortige Benachrichtigung des Arbeitgebers
• Rechtsfolge: Tage der Arbeitsunfähigkeit werden auf den Erholungsurlaub nicht angerechnet. |

6. Arbeitsschutz
6.1 Regelungen nach dem Mutterschutzgesetz

Geltungsbereich	Frauen im Arbeitsverhältnis
Gestaltung des Arbeitsplatzes	Arbeitgeber muss ausreichende Vorkehrungen und Maßnahmen zum Schutz von Leben und Gesundheit der werdenden und stillenden Mutter treffen.
Beschäftigungsverbote für werdende und stillende Mütter	• bei Gefährdung von Leben oder Gesundheit von Mutter oder Kind
• keine Beschäftigung während der letzten sechs Wochen vor der Entbindung (es sei denn, freiwillige Bereitschaft zur Arbeitsaufnahme)
• bis zu acht Wochen nach der Geburt absolutes Beschäftigungsverbot
• keine schwere körperliche Arbeit
• Beschäftigungsverbot zwischen 22 Uhr und 6 Uhr
• Beschäftigungsverbot an Sonn- und Feiertagen
Freistellungen	• für Untersuchungen während der Schwangerschaft und Mutterschaft
Mitteilungspflichten	• Schwangerschaft und mutmaßlicher Tag der Entbindung
• Vorlage eines ärztlichen Zeugnisses auf Verlangen des Arbeitgebers
Kündigungsverbot	Während der Schwangerschaft bis zum Ablauf von 4 Monaten nach der Entbindung, sofern dem Arbeitgeber zur Zeit der Kündigung Schwangerschaft oder Entbindung bekannt war oder dieses innerhalb zweier Wochen nach Zugang der Kündigung mitgeteilt wird.
Mutterschaftsgeld	für Arbeitnehmerinnen faktisch das Nettogehalt während der Schutzfristen sechs Wochen vor und bis zu acht Wochen nach der Entbindung

6.2 Jugendarbeitsschutz

Gründe für den Jugendarbeitsschutz	Übermäßige Belastung durch die Berufsarbeit kann gerade bei jungen Menschen zu gesundheitlichen Schäden sowie zur Beeinträchtigung der körperlichen und geistigen Entwicklung führen. Jugendliche treffen nicht selten Arbeitsbedingungen an, die sich in erster Linie am Leistungsvermögen Erwachsener ausrichten; sie verfügen auch noch nicht über die Leistungsfähigkeit und die Erfahrung Erwachsener. Hinzu kommen die zusätzlichen Belastungen durch die schulische und berufliche Ausbildung. Dem Schutz der jugendlichen Beschäftigten wird daher im Rahmen des Gesundheitsschutzes am Arbeitsplatz ein hoher Stellenwert eingeräumt. Aufgabe ist es, Jugendliche am Beginn ihres Berufs- und Arbeitslebens vor Überbeanspruchung und vor den Gefahren am Arbeitsplatz in besonderem Maße zu schützen. Diesem Ziel dient das Jugendarbeitsschutzgesetz.
Ausgewählte Inhalte	Im Jugendarbeitsschutzgesetz (JArbSchG) finden sich allgemeine Bestimmungen für die Beschäftigung von Minderjährigen, insbesondere zeitliche Begrenzungen für die Dauer der Arbeit. Dort ist bestimmt, dass • Jugendliche nicht mehr als acht Stunden täglich beschäftigt werden dürfen (§ 8 Abs. 1 JArbSchG); • Jugendliche nicht mehr als 40 Stunden in der Woche beschäftigt werden dürfen (§ 8 Abs. 1 JArbSchG); • in Ausnahmefällen - die genau beschrieben sind in § 8 Abs. 2 JArbSchG - die tägliche Arbeitszeit 8,5 Stunden betragen darf; • die tägliche Freizeit der Jugendlichen mindestens zwölf Stunden lang sein muss (§ 13 JArbSchG); • Jugendliche nur in der Zeit von 6.00 Uhr bis 20.00 Uhr beschäftigt werden dürfen (§ 14 JArbSchG); • Jugendliche nur an fünf Tagen in der Woche beschäftigt werden dürfen, die beiden freien Tage sollen aufeinander folgen (§15 JArbSchG); • der Arbeitgeber den Jugendlichen für die Teilnahme an Prüfungen einen Arbeitstag vor der Prüfung freistellt (§ 10 JArbSchG). Falls der Minderjährige noch der Vollzeitschulpflicht unterliegt, gelten für diesen die Beschränkungen der Verordnung über den Kinderarbeitsschutz (KindArbSchV), die die Beschäftigung von Kindern oder schulpflichtigen Jugendlichen nur in ganz wenigen, genau definierten Bereichen zulässt (§ 2 KindArbSchV), z. B. Austragen von Zeitungen.
Ausnahmeregelungen	Nachtruhe (§ 14 JArbSchG): • Jugendliche über 16 Jahre dürfen in Bäckereien bereits ab 5 Uhr beschäftigt werden, Jugendliche über 17 Jahre bereits ab 4 Uhr. • Jugendliche über 16 Jahre dürfen im Gaststättengewerbe bis 22 Uhr beschäftigt werden.
Urlaubsregelung (§ 19 JArbSchG)	• Jugendliche zu Beginn des Kalenderjahres noch nicht 16 Jahre alt: 30 Werktage Urlaubsanspruch • Jugendliche zu Beginn des Kalenderjahres noch nicht 17 Jahre alt: 27 Werktage Urlaubsanspruch • Jugendliche zu Beginn des Kalenderjahres noch nicht 18 Jahre alt: 25 Werktage Urlaubsanspruch

Ärztliche Untersuchungen	• **Erstuntersuchung**: Ärztliche Untersuchung des Jugendlichen innerhalb von 14 Monaten vor Eintritt in das Berufsleben. Vor der Beschäftigung muss der Arbeitgeber eine Bescheinigung hierüber erhalten. • **Erste Nachuntersuchung**: Vorlage der Bescheinigung über die Nachuntersuchung beim Arbeitgeber spätestens ein Jahr nach Beschäftigungsaufnahme
Aufsichtsbehörde	Die Aufsicht über die Ausführungen des Jugendarbeitsschutzgesetzes und der einschlägigen Rechtsverordnungen obliegt den Gewerbeaufsichtsämtern. Diese beraten auch in allen Angelegenheiten des Jugendarbeitsschutzes.

6.3 Kündigungsschutz für Arbeitnehmer

Rechtsgrundlagen einer Kündigung eines unbefristeten Arbeitsverhältnisses	• § 622 BGB • § 17 Manteltarifvertrag ordentliche Kündigung • § 626 BGB außerordentliche Kündigung
Wirksamkeit der Kündigung	Die ordentliche Kündigung erfordert das Einhalten einer Kündigungsfrist. Eine Kündigung wird nur wirksam, wenn die Willenserklärung wirksam abgegeben wurde und den Vertragsparteien zugegangen ist (§ 130 BGB, einseitig empfangsbedürftige Willenserklärung). Der Personalleiter kann z. B. wirksam kündigen. Wird die Kündigungserklärung gegenüber einem minderjährigen Auszubildenden abgegeben, wird sie erst wirksam, wenn sie dem gesetzlichen Vertreter zugeht (§ 131 Abs. 1 und 2 BGB). Nur eine schriftlich erklärte Kündigung ist wirksam (§§ 623, 126 BGB).
Kündigungsfristen	Mit Zugang der Kündigungserklärung setzt der Beginn der jeweils geltenden Kündigungsfrist ein, die mit dem Termin endet, an dem das Arbeitsverhältnis beendet werden soll (§ 622 BGB, § 22 BBiG, § 17 Manteltarifvertrag).
Anhörung des Betriebsrates	Eine ohne Anhörung des Betriebsrates ausgesprochene Kündigung ist unwirksam (§ 102 BetrVG). Anhören bedeutet, dass der Arbeitgeber eine Stellungnahme des Betriebsrates nur zur Kenntnis nehmen muss.
Kündigungsschutz	Für bestimmte Arbeitnehmergruppen gibt es einen besonderen Kündigungsschutz, z. B. den Mutterschutz für schwangere Frauen (§ 9 Mutterschutzgesetz).
Allgemeiner Kündigungsschutz	Der Kündigungsschutz ist im Kündigungsschutzgesetz geregelt. Der Kündigungsschutz soll den Arbeitnehmer vor dem Verlust seines Arbeitsplatzes bewahren. Ist ein Arbeitnehmer Mitglied einer Gewerkschaft, wird er von seiner Gewerkschaft prüfen lassen, ob die Vorschriften des Kündigungsschutzgesetzes der ordentlichen Kündigung entgegenstehen.

A Individualarbeitsrecht

Anwendbarkeit des Kündigungsschutzgesetzes	Die Regelung der dreiwöchigen Klagefrist bezieht sich auf die §§ 4 bis 7 und 13 Abs. 1 des Kündigungsschutzgesetzes und ist auf alle Arbeitsverhältnisse anzuwenden. Die übrigen Schutzvorschriften des Kündigungsschutzgesetzes gelten nach § 23 Abs. 1 grundsätzlich nur für Betriebe, in denen mehr als 10 Arbeitnehmer beschäftigt sind (sachlicher Anwendungsbereich). Dem Kündigungsschutz unterliegen nur solche Arbeitsverhältnisse, die länger als sechs Monate bestanden haben (persönlicher Anwendungsbereich). Es muss bei jeder Kündigung in jedem Fall geprüft werden, ob die Kündigung nach § 1 Abs. 1, 2 und 3 des Kündigungsschutzgesetzes sozialwidrig ist. Diese Prüfung erfolgt nur, wenn für das Arbeitsverhältnis das Kündigungsschutzgesetz anwendbar ist. Eine Kündigung ist dann unwirksam, wenn sie sozial ungerechtfertigt ist. Um die Kündigung sozial rechtfertigen zu können, muss sich der Arbeitgeber darauf berufen können, dass die Kündigung des Arbeitnehmers entweder personenbedingte, verhaltensbedingte oder betriebsbedingte Gründe hat.
Kündigungsgründe	**Personenbedingte Kündigungsgründe** sind Kündigungsgründe, die der Arbeitnehmer selbst nicht beeinflussen kann, z. B. Alter oder Krankheit. **Verhaltensbedingte Kündigungsgründe** sind Gründe, die der Arbeitnehmer selbst beeinflussen kann, z. B. ständige Unpünktlichkeit. **Betriebsbedingte Kündigungsgründe** liegen z. B. vor, wenn aufgrund dringender betrieblicher Erfordernisse im Betrieb des Arbeitnehmers Arbeitsplätze wegfallen sollen. Es besteht weder im selben Betrieb noch in einem anderen Bereich des Unternehmens eine anderweitige Beschäftigungsmöglichkeit. Beispiele hierfür wären Rationalisierungsmaßnahmen oder ein Auftragsrückgang im Unternehmen.
Sozialwidrigkeit der Kündigung im Einzelfall	Zunächst muss geprüft werden, ob die Kündigung zulässig ist. Danach ist zu klären, ob der an sich geeignete Kündigungsgrund gerade im vorliegenden Einzelfall eine Kündigung rechtfertigt. Die Kündigung ist nur dann wirksam, wenn das Arbeitsverhältnis durch den gegebenen Grund auch noch in der Zukunft beeinträchtigt wird. Die Kündigung darf nur das letzte Mittel sein. Vor der Kündigung ist daher eine Versetzung des Arbeitnehmers zu prüfen.
Interessenabwägung und Sozialauswahl	Bei personen- und verhaltensbedingten Gründen einer Kündigung müssen die berechtigten Interessen des Arbeitgebers mit den Interessen auf Erhalt des Beschäftigungsverhältnisses des Arbeitnehmers berücksichtigt werden. Bei der betriebsbedingten Kündigung muss der Arbeitgeber eine Sozialauswahl treffen (§ 1 Abs. 3 Kündigungsschutzgesetz). Es ist hierbei auf das Alter und die Dauer der Betriebszugehörigkeit des Arbeitnehmers zu achten.

Kündigungsschutzklage durch den Arbeitnehmer	Gegen eine unzulässige Kündigung kann der Arbeitnehmer innerhalb von drei Wochen nach Zugang der schriftlichen Kündigung Kündigungsschutzklage beim Arbeitsgericht erheben. Der Kündigungsschutz des Arbeitnehmers entfällt, wenn er die dreiwöchige Klagefrist versäumt (§ 4 Kündigungsschutzgesetz). In diesem Fall gilt eine an sich unwirksame Kündigung, z. B. eine sozialwidrige Kündigung oder eine Kündigung ohne Anhörung des Betriebsrates, als von Anfang an wirksam (§ 7 Kündigungsschutzgesetz).

6.4 Kündigungsfristen

Aspekte	Kündigungsregelung nach § 622 BGB für unbefristete Arbeitsverhältnisse	Kündigungsregelung nach § 17 MTV für das private Bankgewerbe für unbefristete Arbeitsverhältnisse
Kündigung eines Arbeitsverhältnisses (AV) während der Probezeit (längstens sechs Monate)	• 14 Tage • Regelung gilt für beide Vertragspartner. • Schriftform erforderlich	Keine Regelung im MTV, daher Anwendung von § 622 BGB: 14 Tage
	Beispiel: Kündigungszugang: 14.10.2021 (Mittwoch) Ende des Arbeitsverhältnisses: 28.10.2021 (Mittwoch)	
Ordentliche Kündigung eines AV nach der Probezeit	• vier Wochen (oder 28 Tage) zum 15. eines Monats bzw. zum Monatsultimo • Diese Regelung gilt für beide Vertragspartner. • Schriftform erforderlich	• sechs Wochen (oder 42 Tage) zum Quartalsende • Diese Regelung gilt für beide Vertragspartner. • Schriftform erforderlich (§ 623 BGB)
	Beispiel: Beginn des Arbeitsverhältnisses: 01.01.2015, Kündigungszugang: 16.10.2020 (Freitag), Ende des Arbeitsverhältnisses: 15.11.2020 (Sonntag), spätestmöglicher Kündigungszugang: 18.10.2020 (Sonntag, also der 16.10.2020)	**Beispiel:** Beginn des Arbeitsverhältnisses: 01.01.2015, Kündigungszugang: 16.10.2020 (Freitag), Ende des Arbeitsverhältnisses: 31.12.2020 (Donnerstag), spätestmöglicher Kündigungszugang: 17.11.2020 (Dienstag)
Verlängerte Kündigungsfristen bei einer Betriebszugehörigkeit von zwei Jahren und mehr	2 Jahre – 1 Monat zum Monatsende 5 Jahre – 2 Monate zum Monatsende 8 Jahre – 3 Monate zum Monatsende 10 Jahre – 4 Monate zum Monatsende 12 Jahre – 5 Monate zum Monatsende 15 Jahre – 6 Monate zum Mo-	5 Jahre – 3 Monate zum Quartalsende 8 Jahre – 4 Monate zum Quartalsende 10 Jahre – 5 Monate zum Quartalsende 12 Jahre – 6 Monate zum Quartalsende Diese Regelung gilt nur für den Arbeitgeber. Schriftform ist erforderlich (§ 623 BGB).

Aspekte	Kündigungsregelung nach § 622 BGB für unbefristete Arbeitsverhältnisse	Kündigungsregelung nach § 17 MTV für das private Bankgewerbe für unbefristete Arbeitsverhältnisse
	natsende 20 Jahre – 7 Monate zum Monatsende Diese Regelung gilt nur für den Arbeitgeber. Schriftform ist erforderlich (§ 623 BGB).	
	Beispiel: Beginn des Arbeitsverhältnisses: 01.01.2010 Kündigungszugang: 16.10.2020 (Freitag) Beschäftigung: 10 Jahre Ende des Arbeitsverhältnisses: 28.02.2021 Spätestmöglicher Kündigungszugang: 31.10.2020 (Samstag und Reformationstag als Feiertag, also 30.10.2020 Freitag))	**Beispiel:** Beginn des Arbeitsverhältnisses: 01.01.2010 Kündigungszugang: 16.10.2020 (Freitag) Beschäftigung: 10 Jahre Ende des Arbeitsverhältnisses: 31.03.2021 Spätestmöglicher Kündigungszugang: 31.10.2020 (Samstag also Feiertag, deshalb 30.10.2020 Freitag)
Vertraglich abweichende Vereinbarungen von Kündigungsfristen möglich:	4 Wochen Kündigungsfrist mindestens: 1. bei Aushilfskräften mit Arbeitsverträgen mit Laufzeiten von weniger als drei Monaten; 2. wenn der Arbeitgeber weniger als 20 Arbeitnehmer beschäftigt.	Kündigungsfrist muss mindestens 1 Monat zum Monatsende betragen.
Außerordentliche Kündigung	• Ein wichtiger Grund muss vorliegen. • fristlos • Schriftform erforderlich (§ 623 BGB) • Kündigung kann nur innerhalb von 2 Wochen nach Tatsachenkenntnis erfolgen. • Der Betriebsrat muss vor der Kündigung vom Arbeitgeber angehört werden, § 102 Abs. 1 und 2 Betriebsverfassungsgesetz, schriftliche Stellungnahme innerhalb von drei Tagen. • Auf Verlangen ist dem anderen Teil der Kündigungsgrund unverzüglich schriftlich mitzuteilen, vgl. § 626 Abs. 2 BGB.	• Ein wichtiger Grund muss vorliegen. • fristlos • Schriftform erforderlich (§ 623 BGB) • Kündigung kann nur innerhalb von 2 Wochen nach Tatsachenkenntnis erfolgen. • Der Betriebsrat muss vor der Kündigung vom Arbeitgeber angehört werden, § 102 Abs. 1 und 2 Betriebsverfassungsgesetz.

6.5 Besonderer Kündigungsschutz

Arbeitnehmergruppe	Anspruchsgrundlage
Auszubildende	Nach § 22 BBiG kann das Berufsausbildungsverhältnis nach der Probezeit nur von Auszubildenden mit einer Kündigungsfrist von vier Wochen gekündigt werden, wenn sie die Berufsausbildung aufgeben oder sich für eine andere Berufstätigkeit ausbilden lassen wollen. Die Kündigung muss schriftlich und unter Angabe der Kündigungsgründe erfolgen. Davon unberührt bleibt die Kündigung aus wichtigem Grund für beide Vertragspartner.
Werdende Mütter	Nach § 9 Mutterschutzgesetz haben Arbeitnehmerinnen während der Schwangerschaft und bis zum Ablauf von vier Monaten nach der Entbindung Kündigungsschutz. Die Kündigung ist unwirksam, wenn dem Arbeitgeber zur Zeit der Kündigung die Schwangerschaft bekannt war oder innerhalb zweier Wochen nach Zugang der Kündigung mitgeteilt wird.
Betriebsräte und Jugendvertreter	Nach § 15 des Kündigungsschutzgesetzes haben Mitglieder eines Betriebsrates bzw. einer Jugend- und Auszubildendenvertretung Anspruch auf Kündigungsschutz. Der Kündigungsschutz besteht bis ein Jahr nach Beendigung der Amtszeit. Die Kündigung aus wichtigem Grund bleibt hiervon unberührt.
Schwerbehinderte Arbeitnehmer	Nach §§ 85 und 86 des Sozialgesetzbuches IX bedarf die Kündigung des Arbeitsverhältnisses eines schwerbehinderten Menschen durch den Arbeitgeber der vorherigen Zustimmung des Integrationsamtes. Die Kündigungsfrist beträgt mindestens vier Wochen.
Kündigungsschutz für Arbeitnehmer mit langen Beschäftigungszeiten und ältere Arbeitnehmer	Nach § 17 Manteltarifvertrag (MTV) haben Arbeitnehmer, die das 50. Lebensjahr vollendet haben und dem Betrieb mindestens zehn Jahre ununterbrochen angehören, Anspruch auf besonderen Kündigungsschutz: Sie können nur bei Vorliegen eines wichtigen Grundes und bei Betriebsänderungen im Sinne des § 111 Betriebsverfassungsgesetz gekündigt werden. Nach § 622 BGB und § 17 MTV haben Arbeitnehmer mit langen Beschäftigungszeiten Anspruch auf verlängerte Kündigungsfristen.

6.6 Beschäftigtendatenschutz

Es gibt kein eigenes Gesetz zum Beschäftigtendatenschutz. Rechtsgrundlagen hierfür befinden sich in Teilen des Bundesdatenschutzgesetzes (BSDG) und in Teilen in der Datenschutzgrundverordnung (DSGVO). Im Beschäftigtendatenschutz geht es im Wesentlichen um zwei sich widersprechende Interessenlagen. Der Arbeitgeber will sicherstellen, dass sein Eigentum nicht beschädigt wird, seine Dateneinrichtungen nicht missbraucht werden und dass der Arbeitnehmer seine arbeitsvertraglichen Pflichten erfüllt.

Es stehen sich zwei Grundrechtspositionen gegenüber: Zum einen das Recht des Arbeitnehmers auf informationelle Selbstbestimmung nach Art. 2 Absatz 1 des Grundgesetzes (GG), zum anderen das Recht des Arbeitgebers auf Eigentumsschutz nach Art. 14 GG, das Recht auf Berufsfreiheit nach Art. 12 GG und das Recht auf freie Wahl der unternehmerischen Entscheidungsfreiheit nach Art. 2 Absatz 1 des Grundgesetzes.

Für die Verarbeitung personenbezogener Daten muss der Arbeitgeber bestimmte Anforderungen der DSGVO und des BDSG erfüllen. In jedem Fall muss der Arbeitgeber bei der Datenverarbeitung nach der Erlaubnis in einem Gesetz suchen. Gemäß § 26 Abs. 1 BSDG dürfen personenbezogene Daten eines Beschäftigten nur verarbeitet werden, wenn dies für die Entscheidung über die Begründung eines Beschäftigtenverhältnisses oder nach Begründung des Beschäftigungsverhältnisses für dessen Durchführung oder Beendigung erforderlich ist.

Beispiel: Der Arbeitgeber darf in der Personalakte die fachliche Leistung des Arbeitnehmers und andere Tatsachen, z. B. Abmahnungen, dokumentieren. Dies muss zur Leistungskontrolle und Kontrolle des Verhaltens des Arbeitnehmers oder für die Personalplanung erforderlich sein. Sofern die Tatsachen unrichtig sind, kann der Arbeitnehmer nach Art. 16 DS-GVO eine Berichtigung der Daten verlangen.

Eine weitere Voraussetzung ist gemäß § 26 Abs. 2 BDSG darin gegeben, wenn der Beschäftigte im Beschäftigungsverhältnis seine Einwilligung in die Verarbeitung seiner personenbezogenen Daten gibt.

Ein Beispiel für die widerstrebenden Interessen von Arbeitgebern und Arbeitnehmern ist die Überwachung des Verhaltens des Arbeitnehmers (z. B. durch die Installation von Videokameras oder die Erfassung und Speicherung von Fehlern im Computer des Arbeitnehmers) durch die Arbeitgeber. Die Erhebung personenbezogener Daten zum Zwecke der Aufdeckung von Straftaten sind erst dann zulässig, wenn ausreichende Anhaltspunkte für ein konkretes Fehlverhalten vorliegen (§ 26 BDSG).

Auch folgende Daten bedürfen zu ihrer Erhebung einer gesetzlichen Grundlage:
- Bewerberdaten,
- Allgemeine Personen- und Kontaktdaten,
- Kontoverbindung,
- Tätigkeitsprofil und Position.

Falls sich Arbeitgeber hinsichtlich der Rechte ihrer Arbeitnehmer unsicher sind, können sie sich an einen Datenschutzbeauftragten wenden.

Beispielaufgaben zum Beschäftigtendatenschutz:
a) Die *Nordbank AG* verarbeitet personenbezogene Daten in automatisierter Weise. Aufgrund des Bundesdatenschutzgesetzes hat die *Nordbank AG* einen Beauftragten für den Datenschutz bestellt. Bei welcher Unternehmensgröße muss nach dem BSDG ein Datenschutzbeauftragter bestellt werden?
   Ab einer Beschäftigtenzahl von zehn Personen ist ein Datenschutzbeauftragter zu bestellen.
b) Die *Nordbank AG* will ein neues digitales Informations- und Kommunikationssystem einführen, für das u. a. auch personenbezogene Daten gespeichert werden sollen. Unter welcher Voraussetzung kann nach dem BSDG dies eingerichtet werden.

   Nach § 26 BDSG muss bei der Verarbeitung personenbezogener Daten eine gesetzliche Erlaubnis vorliegen.
c) Erläutern Sie, die im Beschäftigtendatenschutz sich widersprechenden Interessenlagen von Arbeitnehmern und Arbeitgebern.

Zum einen will der Arbeitgeber sicherstellen, dass seine Eigentumsrechte nicht beeinträchtigt werden, seine Dateneinrichtungsvorrichtungen nicht missbraucht werden sowie die Sicherstellung der arbeitsvertraglichen Pflichten des Arbeitnehmers.

Zum anderen legt der Arbeitnehmer darauf Wert, nicht fortlaufend überwacht und kontrolliert zu werden. Sein Interesse besteht darin, dass der Arbeitgeber sein informationelles Selbstbestimmungsrecht respektiert.

Auszug aus dem Bundesdatenschutzgesetz

§ 26 Datenverarbeitung für Zwecke des Beschäftigungsverhältnisses
(1) Personenbezogene Daten von Beschäftigten dürfen für Zwecke des Beschäftigungsverhältnisses verarbeitet werden, wenn dies für die Entscheidung über die Begründung eines Beschäftigungsverhältnisses oder nach Begründung des Beschäftigungsverhältnisses für dessen Durchführung oder Beendigung oder zur Ausübung oder Erfüllung der sich aus einem Gesetz oder einem Tarifvertrag, einer Betriebs- oder Dienstvereinbarung (Kollektivvereinbarung) ergebenden Rechte und Pflichten der Interessensvertretung der Beschäftigten erforderlich ist. Zur Aufdeckung von Straftaten dürfen personenbezogene Daten von Beschäftigten nur dann verarbeitet werden, wenn zu dokumentierende tatsächliche Anhaltspunkte den Verdacht begründen, dass die betroffene Person im Beschäftigungsverhältnis eine Straftat begangen hat, die Verarbeitung zur Aufdeckung erforderlich ist und das schutzwürdige Interesse der oder des Beschäftigten an dem Ausschluss der Verarbeitung nicht überwiegt, insbesondere Art und Ausmaß und im Hinblick auf den Anlass nicht unverhältnismäßig sind.

(2) Erfolgt die Verarbeitung personenbezogener Daten von Beschäftigten auf der Grundlage einer Einwilligung, so sind für die Beurteilung der Freiwilligkeit der Einwilligung insbesondere die im Beschäftigungsverhältnis bestehende Abhängigkeit der beschäftigten Person sowie die Umstände, unter denen die Einwilligung erteilt worden ist, zu berücksichtigen.

§ 38 Datenschutzbeauftragte nichtöffentlicher Stellen…
(1) Ergänzend zu Art. 37 der Verordnung (EU) … benennen der Verantwortliche und der Auftragsverarbeiter eine Datenschutzbeauftragte oder einen Datenschutzbeauftragten, soweit sie in der Regel mindestens zehn Personen ständig mit der automatisierten Verarbeitung personenbezogener Daten beschäftigen.

Grundgesetz (Auszug)

Artikel 2 (Allgemeines Persönlichkeitsrecht)

(1) Jeder hat das Recht, auf die freie Entfaltung seiner Persönlichkeit, soweit er nicht die Rechte anderer verletzt und nicht gegen die verfassungsmäßige Ordnung oder das Sittengesetz verstößt.

Artikel 12 (Berufsfreiheit; …)

(1) Alle Deutschen haben das Recht, Beruf, Arbeitsplatz und Ausbildungsstätte frei zu wählen. Die Berufsausübung kann durch Gesetz oder auf Grund eines Gesetzes geregelt werden.

Artikel 14 (Eigentum,.. …)

(1) Das Eigentum … werden gewährleistet. Inhalt und Schranken werden durch die Gesetze bestimmt.
(2) Eigentum verpflichtet. Sein Gebrauch soll zugleich dem Wohle der Allgemeinheit dienen.

B Betriebliche Mitbestimmung

1. Organisation der Jugend- und Auszubildendenvertretung (JAV) und des Betriebsrats

Aspekte	Betriebsrat	Jugend- und Auszubildendenvertretung (JAV)
Wahlvoraussetzungen	mindestens 5 ständig wahlberechtigte Arbeitnehmer, davon 3 wählbar	mindestens 5 jugendliche Arbeitnehmer oder Azubis unter 25 J.
Wahlzeitraum	• 1. März bis 31. Mai • Besteht noch kein Betriebsrat: sofortige Wahl möglich	• 1. Oktober bis 30. November • Besteht noch kein JAV: sofortige Wahl möglich
Amtszeit	vier Jahre	zwei Jahre
Nächste reguläre Wahl	2022	2022
Aktives Wahlrecht	• Arbeitnehmer und Auszubildende ab 18 Jahre (voll geschäftsfähig) • Leiharbeitnehmer ab drei Monate Beschäftigungsdauer	• jugendliche Arbeitnehmer • alle Auszubildende bis 25 Jahre
Passives Wahlrecht	• Arbeitnehmer und Auszubildende, ab 18 Jahre • mindestens sechs Monate Betriebszugehörigkeit	alle Arbeitnehmer und Auszubildende bis 25 Jahre
Anzahl der Mitglieder	Der Betriebsrat besteht in Betrieben mit in der Regel fünf bis 20 wahlberechtigten Arbeitnehmern aus einer Person, 21 bis 50 wahlberechtigten Arbeitnehmern aus drei Mitgliedern, 51 bis 100 wahlberechtigten Arbeitnehmern aus fünf Mitgliedern, 101 bis 200 wahlberechtigten Arbeitnehmern aus sieben Mitgliedern, 201 bis 400 wahlberechtigten Arbeitnehmern aus neun Mitgliedern, 401 bis 700 wahlberechtigten Arbeitnehmern aus elf Mitgliedern, 701 bis 1000 wahlberechtigten Arbeitnehmern aus 13 Mitgliedern 1001 bis 1500 wahlberechtigten Arbeitnehmern aus 15 Mitgliedern, 1501 bis 2000 wahlberechtigten Arbeitnehmern aus 17 Mitgliedern … 5001 bis 6000 wahlberechtigten Arbeitnehmern aus 31 Mitgliedern …	Die JAV besteht in Betrieben mit in der Regel fünf bis 20 der in § 60 Abs. 1 genannten Arbeitnehmer aus einer Person, 21 bis 50 … aus drei Mitgliedern, 51 bis 150 …aus fünf Mitgliedern, 151 bis 300 …aus sieben Mitgliedern, 301 bis 500 …aus neun Mitgliedern, 501 bis 700 …aus elf Mitgliedern, 701 bis 1000 …aus 13 Mitgliedern, mehr als 1000 …aus 15 Mitgliedern.

Aspekte	Betriebsrat	Jugend- und Auszubildendenvertretung (JAV)
Erlöschen der Mitgliedschaft	• mit Ablauf der Amtszeit • Niederlegung des Betriebsratsamtes • Beendigung des Arbeitsverhältnisses • Verlust der Wählbarkeit, z. B. Betriebsrat wird leitender Angestellter	• mit Ablauf der Amtszeit • Niederlegung des Amtes in der JAV • Beendigung des Arbeitsverhältnisses • Verlust der Wählbarkeit, z. B. Mitglied der JAV wird in den Betriebsrat gewählt.
Stimmrecht bei Beschlüssen	• mit Stimmenmehrheit, bei Stimmengleichheit Ablehnung des Antrages • Nimmt die JAV an den Beschlüssen teil, werden ihre Stimmen mitgezählt.	§ 67 BetrVG (Teilnahme an Betriebsratssitzungen) (1) Die Jugend- und Auszubildendenvertretung kann zu allen Betriebsratssitzungen einen Vertreter entsenden. Werden Angelegenheiten behandelt, die besonders die in § 60 Abs. 1 genannten Arbeitnehmer betreffen, so hat zu diesen Tagesordnungspunkten die gesamte Jugend- und Auszubildendenvertretung ein Teilnahmerecht. (2) ... (3) Die Jugend- und Auszubildendenvertreter haben Stimmrecht, soweit die zu fassenden Beschlüsse des Betriebsrats überwiegend die in § 60 Abs. 1 genannten Arbeitnehmer betreffen. § 68 BetrVG (Teilnahme an gemeinsamen Besprechungen) Der Betriebsrat hat die Jugend- und Auszubildendenvertretung zu Besprechungen zwischen Arbeitgeber und Betriebsrat beizuziehen, wenn Angelegenheiten behandelt werden, die besonders die in § 60 Abs. 1 genannten Arbeitnehmer betreffen.
Freistellung für hauptamtliche Tätigkeit	Von ihrer beruflichen Tätigkeit sind mindestens freizustellen in Betrieben mit in der Regel 200 bis 500 Arbeitnehmer 1 Betriebsratsmitglied,	keine Freistellung, widerspricht dem Ziel des Ausbildungsverhältnisses

Aspekte	Betriebsrat	Jugend- und Auszubildenden-vertretung (JAV)
	501 bis 900 Arbeitnehmer 2 Betriebsratsmitglieder, 901 bis 1500 Arbeitnehmer 3 Betriebsratsmitglieder, 1501 bis 2000 Arbeitnehmer 4 Betriebsratsmitglieder, 2001 bis 3000 Arbeitnehmer 5 Betriebsratsmitglieder, 3001 bis 4000 Arbeitnehmer 6 Betriebsratsmitglieder, 4001 bis 5000 Arbeitnehmer 7 Betriebsratsmitglieder, 5001 bis 6000 Arbeitnehmer 8 Betriebsratsmitglieder, ... 9001 bis 10000 Arbeitnehmer 12 Betriebsratsmitglieder. Über 10000 Arbeitnehmer: für je angefangene weitere 2000 Arbeitnehmer ein weiteres Betriebsratsmitglied freizustellen.	
Kündigungsschutz	Nach § 15 KüSchG genießen Mitglieder des Betriebsrats und der JAV Kündigungsschutz bis zu einem Jahr nach der Amtszeit.	

2. Aufgaben der Jugend- und Auszubildendenvertretung (JAV)

Die Jugend- und Auszubildendenvertretung kann zu allen Betriebsratssitzungen einen Vertreter entsenden. Der Betriebsrat hat die Jugend- und Auszubildendenvertretung zu Besprechungen zwischen Arbeitgeber und Betriebsrat beizuziehen, wenn Angelegenheiten behandelt werden, die besonders die Auszubildenden betreffen.

Die Jugend- und Auszubildendenvertretung hat folgende allgemeine Aufgaben:
- Maßnahmen, die den Auszubildenden dienen, insbesondere in Fragen der Berufsbildung und der Übernahme der zu ihrer Berufsausbildung Beschäftigten in ein Arbeitsverhältnis, beim Betriebsrat beantragen;
- Anregungen insbesondere in Fragen der Berufsbildung, entgegennehmen und, falls sie berechtigt erscheinen, beim Betriebsrat auf eine Erledigung hinwirken. Die Jugend- und Auszubildendenvertretung hat die betroffenen jugendlichen Arbeitnehmer und Auszubildenden über den Stand und das Ergebnis der Verhandlungen zu informieren.

Zur Durchführung ihrer Aufgaben ist die Jugend- und Auszubildendenvertretung durch den Betriebsrat rechtzeitig und umfassend zu unterrichten. Die Jugend- und Auszubildendenvertretung kann verlangen, dass ihr der Betriebsrat die zur Durchführung ihrer Aufgaben erforderlichen Unterlagen zur Verfügung stellt.

Die Jugend- und Auszubildendenvertretung kann vor oder nach jeder Betriebsversammlung im Einvernehmen mit dem Betriebsrat eine betriebliche Jugend- und Auszubildendenversammlung einberufen.

3. Aufgaben des Betriebsrats

Aspekte	Betriebsrat
Allgemeine Aufgaben	• Überwachung der Durchführung von Gesetzen, Verordnungen, Unfallverhütungsvorschriften, Tarifverträgen, Betriebsvereinbarungen • Durchsetzung der Gleichstellung von Frauen und Männern • Förderung der Vereinbarkeit von Familie und Erwerbstätigkeit • Entgegennahme von Anregungen von Arbeitnehmern und Auszubildenden • Förderung der Eingliederung Schwerbehinderter • Vorbereitung der Wahl der JAV • Förderung älterer Arbeitnehmer im Betrieb • Förderung der Integration ausländischer Arbeitnehmer • Förderung und Sicherung der Beschäftigung im Betrieb
Mitbestimmung in personellen Angelegenheiten	• § 92 BetrVG: Rechtzeitige Unterrichtung des Betriebsrats über die Personalplanung • nach § 95 BetrVG Zustimmungsrecht bei der Einführung von Richtlinien über die personelle Auswahl bei Einstellungen, Versetzungen, Umgruppierungen und Kündigungen von Arbeitnehmern • in Betrieben mit i. d. R. mehr als 20 wahlberechtigten Arbeitnehmern Mitbestimmung bei personellen Einzelmaßnahmen, z. B. Einstellungen, Eingruppierungen, Umgruppierungen, Versetzungen; und zwar ein Informationsrecht und Einholung der Zustimmung des Betriebsrats (§ 99 BetrVG) • Informationsrecht und Recht zur Stellungnahme bzw. Widerspruchsrecht bei Kündigung eines Arbeitnehmer nach § 102 BetrVG
Mitbestimmung in sozialen Angelegenheiten	§ 87 (Mitbestimmungsrechte) BetrVG (1) Der Betriebsrat hat, soweit eine gesetzliche oder tarifliche Regelung nicht besteht, in folgenden Angelegenheiten mitzubestimmen: 1. Fragen der Ordnung des Betriebes und des Verhaltens der Arbeitnehmer im Betrieb; 2. Beginn und Ende der täglichen Arbeitszeit einschl. der Pausen sowie Verteilung der Arbeitszeit auf die einzelnen Wochentage; 3. vorübergehende Verkürzung oder Verlängerung der betriebsüblichen Arbeitszeit; 4. Zeit, Ort und Art der Auszahlung der Arbeitsentgelte; 5. Aufstellung allgemeiner Urlaubsgrundsätze und des Urlaubsplans sowie die Festsetzung der zeitlichen Lage des Urlaubs für einzelne Arbeitnehmer, wenn zwischen dem Arbeitgeber und den beteiligten Arbeitnehmern kein Einverständnis erzielt wird; 6. Einführung und Anwendung von technischen Einrichtungen, die dazu bestimmt sind, das Verhalten oder die Leistung der Arbeitnehmer zu überwachen;

	7. Regelung über die Verhütung von Arbeitsunfällen und Berufskrankheiten sowie über den Gesundheitsschutz im Rahmen der gesetzlichen Vorschriften oder der Unfallverhütungsvorschriften; 8. Form, Ausgestaltung und Verwaltung von Sozialeinrichtungen, deren Wirkungsbereich auf den Betrieb, das Unternehmen oder den Konzern beschränkt ist; 9. ... 10. Fragen der betrieblichen Lohngestaltung, insbesondere die Aufstellung von Entlohnungsgrundsätzen und die Einführung und Anwendung von neuen Entlohnungsmethoden sowie deren Änderung; 11. Festsetzung der Akkord- und Prämiensätze und vergleichbarer leistungsbezogener Entgelte ... 12. Grundsätze über das betriebliche Vorschlagswesen; 13. Grundsätze über die Durchführung von Gruppenarbeit; Gruppenarbeit im Sinne dieser Vorschrift liegt vor, wenn im Rahmen des betrieblichen Arbeitsablaufs eine Gruppe von Arbeitnehmern eine ihr übertragene Gesamtaufgabe im Wesentlichen eigenverantwortlich erledigt. (2) Kommt eine Einigung über eine Angelegenheit nach Absatz 1 nicht zustande, so entscheidet die Einigungsstelle. Der Spruch der Einigungsstelle ersetzt die Einigung zwischen Arbeitgeber und Betriebsrat.
Mitwirkung in wirtschaftlichen Angelegenheiten	§ 106 BetrVG: In Betrieben mit mehr als 100 ständig beschäftigten Arbeitnehmern ist ein Wirtschaftsausschuss zu bilden. Der Unternehmer hat den Wirtschaftsausschuss rechtzeitig und umfassend über die wirtschaftlichen Angelegenheiten des Unternehmens zu unterrichten und die sich daraus ergebenden Auswirkungen auf die Personalplanung darzustellen.

4. Betriebsversammlung

Allgemeines	Die Durchführung von Betriebsversammlungen ist im Betriebsverfassungsgesetz vorgeschrieben (§§ 42 bis 46 BetrVG). Sie dient in erster Linie der Unterrichtung der Arbeitnehmer durch den Betriebsrat, bietet darüber hinaus aber auch die Möglichkeit zur Aussprache.
Aufgaben	Durch die Betriebsversammlung können Beschlüsse gefasst werden, an die der Betriebsrat zwar nicht gebunden ist, die er jedoch im Rahmen seiner gesetzlichen Pflichten als Betriebsrat zu berücksichtigen hat. Die Betriebsversammlung besitzt auch nicht die Kompetenz, mit dem Arbeitgeber Betriebsvereinbarungen abzuschließen.
Einberufung	• Der Betriebsrat hat einmal pro Kalendervierteljahr eine - regelmäßige - Betriebsversammlung einzuberufen und einen Bericht über seine Tätigkeit zu erstatten. Wenn es aus besonderen Gründen zweckmäßig erscheint, kann der Betriebsrat in jedem Kalenderhalbjahr eine weitere Betriebsversammlung durchführen. • Betriebsversammlungen sind nicht öffentlich. • Der Arbeitgeber ist zu den Betriebsversammlungen unter Mitteilung der Tagesordnung einzuladen. Er ist berechtigt, in den Versammlungen zu sprechen. • Darüber hinaus hat der Arbeitgeber oder sein Vertreter mindestens einmal pro Kalenderjahr in einer Betriebsversammlung über das Personal- und Sozialwesen einschließlich des Stands der Gleichstellung von Frauen und Männern im Betrieb sowie der Integration der im Betrieb beschäftigten ausländischen Arbeitnehmer, über die wirtschaftliche Lage und Entwicklung des Betriebs sowie über den betrieblichen Umweltschutz zu berichten. Die Pflicht des Arbeitgebers findet dort ihre Grenzen, wo Betriebs- oder Geschäftsgeheimnisse gefährdet werden. • Die regelmäßigen Betriebsversammlungen und die, welche auf Wunsch des Arbeitgebers einberufen werden, finden während der Arbeitszeit statt. • Die Teilnahme an diesen Versammlungen einschließlich der zusätzlichen Wegezeiten ist den Arbeitnehmern wie Arbeitszeit zu vergüten. • Es besteht die Möglichkeit der beratenden Teilnahme an Betriebsversammlungen von Beauftragten der im Betrieb vertretenen Gewerkschaften sowie Beauftragten der Vereinigung der Arbeitgeber, sofern der Arbeitgeber an der Betriebsversammlung teilnimmt.

 # Sozialrecht

1. Soziale Sicherung

Übersicht über die Zweige der Sozialversicherungen 2022

Sozialversicherungen Aspekte	Gesetzliche Krankenversicherung (GKV)	Pflegeversicherung (PV)	Rentenversicherung (RV)	Arbeitslosenversicherung (AV)	Gesetzliche Unfallversicherung (GUV)
Abzusicherndes Lebensrisiko	Krankheit	Pflegebedürftigkeit	Altersarmut; Erwerbsminderung	Arbeitslosigkeit	Existenzsicherung im Falle eines Arbeitsunfalls; Berufskrankheit
Träger	Gesetzliche Krankenkassen	Pflegekassen	Deutsche Rentenversicherung Bund	Bundesagentur für Arbeit; Arbeitsagenturen	Berufsgenossenschaften
Beitragssatz	14,6 % + Zusatzbeitrag möglich	3,05 / 3,40 %	18,6 %	2,4 %	Promillesatz von der Lohnsumme
Tragung der Beiträge	AN: 7,3 % AG: 7,3 % Der Zusatzbeitrag wird ebenfalls geteilt zwischen AN und AG.	AN: 1,525 % + 0,35 % = 1,875 % (ab 23 Jahre und kinderlos) oder 1,525 % (unter 23 Jahre oder über 23 Jahre mit Kind) AG: 1,525 %	AN: 9,3 % AG: 9,3 %	AN: 1,20 % AG: 1,20 %	AG allein
Zahlung (Überweisung) der Beiträge	AG überweist die gesamten Sozialversicherungsbeiträge der AN an die gesetzlichen Krankenkassen, die die Gesamtbeiträge an den Gesundheitsfonds weiterleiten. Der Gesundheitsfonds verteilt die Sozialbeiträge an die anderen Träger.				AG überweist Beitrag an Berufsgenossenschaft.
Beitragsbemessungsgrenze 2022 pro Monat /Jahr für West- und Ostländer	4.837,50 EUR/ 58.050,00 EUR	4.837,50 EUR/ 58.050,00 EUR	West: 7.050,00 EUR/ 84.600,00 EUR Ost: 6.750,00 EUR/ 81.000,00 EUR	West: 7.050,00 EUR/ 84.600,00 EUR Ost: 6.750,00 EUR/ 81.000,00 EUR	
Versicherungspflichtgrenze mtl./jährlich	5.362,50 EUR/ 64.350,00 EUR	5.362,50 EUR/ 64.350,00 EUR			

© Springer Fachmedien Wiesbaden GmbH, ein Teil von Springer Nature 2022
W. Grundmann, R. Rathner, *Sozialkunde*, Prüfungstraining für Bankkaufleute,
https://doi.org/10.1007/978-3-658-39333-5_3

Sozialversicherungen Aspekte	Gesetzliche Krankenversicherung (GKV)	Pflegeversicherung (PV)	Rentenversicherung (RV)	Arbeitslosenversicherung (AV)	Gesetzliche Unfallversicherung (GUV)
Leistungen (Beispiele)	Krankengeld; Medikamente; Arztleistungen; Reha	Geldleistungen; Sachleistungen je nach Pflegebedarf	Altersruhegeld; Witwen- und Waisenrenten; Erwerbsminderungsrente; Reha-Maßnahmen	Arbeitsvermittlung; Berufsberatung; Arbeitslosengeld; Kurzarbeitergeld; Umschulungen; Weiterbildung	Verletztengeld; Unfallrenten; Umschulungen; Arbeitsschutzmaßnahmen
Kündigungsmöglichkeiten	feste Mitgliedschaft für mindestens 18 Monate, danach Kündigungsmöglichkeit mit einer Kündigungsfirst von zwei Monaten zum Monatsende; außerordentliches Kündigungsrecht bei Erhöhung des Zusatzbeitrages mit einer Kündigungsfrist von zwei Monaten zum Monatsende		Kündigungsrecht im Falle der Selbstständigkeit		
Versicherter Personenkreis	Pflichtversicherung für AN und Auszubildende bei einjährigem dauerhaftem Überschreiten der Versicherungspflichtsgrenze freiwillige Mitgliedschaft möglich oder Mitgliedschaft in einer privaten KV Familienangehörige sind über den Arbeitnehmer mitversichert.	AN; Auszubildende; Selbstständige; Angehörige	AN und Auszubildende; freiwillige Mitgliedschaft möglich, z. B. für Selbstständige	AN und Auszubildende	

AN = Arbeitnehmer
AG = Arbeitgeber

2. Berechnung von Sozialbeiträgen

Beispiel für eine Beitragsberechnung:
Arbeitnehmer: 43 Jahre, ledig; Arbeitsstelle: Hamburg
monatliches Bruttoeinkommen: 3.200,00 EUR
monatliche vermögenswirksame Leistung: 40,00 EUR;
die Krankenkasse erhebt keinen Zusatzbeitrag

Sozialbeiträge	Gesamt	Arbeitgeberanteil	Arbeitnehmeranteil
Gesetzliche Krankenversicherung	14,6 % von 3.240 EUR = 473,04 EUR	7,3 % von 3.240 EUR = 236,52 EUR	7,3 % von 3.240 EUR = 236,52 EUR
Pflegeversicherung	3,4 % von 3.240 EUR = 110,16 EUR	1,525% von 3.240 EUR = 49,41 EUR	1,875 % v. 3.240 EUR = 60,75 EUR
Rentenversicherung	18,6 % von 3.240 EUR = 602,64 EUR	9,3 % von 3.240 EUR = 301,32 EUR	9,3 % von 3.240 EUR = 301,32 EUR
Arbeitslosenversicherung	2,4 % von 3.240 EUR = 77,76 EUR	1,2 % von 3.240 EUR = 38,88 EUR	1,2 % von 3.240 EUR = 38,88 EUR
Summe	**1.260,36 EUR**	**626,13 EUR**	**634,23 EUR**

Beispiel für eine Beitragsberechnung über den Beitragsbemessungsgrenzen:
Arbeitnehmer: 43 Jahre, ledig und mit zwei Kindern; Arbeitsstelle: Hamburg
monatl. Bruttoeinkommen: 7.800,00 EUR;
die Krankenkasse erhebt keinen Zusatzbeitrag

Sozialbeiträge	Gesamt	Arbeitgeberanteil	Arbeitnehmeranteil
Gesetzliche Krankenversicherung	14,6 % von 4.837,50 EUR = 706,28 EUR	7,3 % von 4.837,50 EUR = 353,14 EUR	7,3 % von 4.837,50 EUR = 353,14 EUR
Pflegeversicherung	3,05% von 4.837,50 EUR = 147,54 EUR	1,525 % von 4.837,50 EUR = 73,77 EUR	1,525 % von 4.837,50 EUR = 73,77 EUR
Rentenversicherung	18,6 % von 7.050 EUR = 1.311,30 EUR	9,3 % von 7.050 EUR = 655,65 EUR	9,3 % von 7.050 EUR = 655,65 EUR
Arbeitslosenversicherung	2,4 % von 7.050 EUR = 169,20 EUR	1,20 % von 7.050 EUR = 84,60 EUR	1,20 % von 7.050 EUR = 84,60 EUR
Summe	**2.334,32 EUR**	**1.167,16 EUR**	**1.167,16 EUR**

3. Vergleich von gesetzlicher und privater Krankenversicherung

Vergleichskriterien	Gesetzliche Krankenversicherung	Private Krankenversicherung
Versicherter Personenkreis	pflichtversichert sind: • Arbeitnehmer unterhalb der Versicherungspflichtgrenze • Auszubildende • Studenten • Arbeitslose freiwillig versichert sind: • ehemalige Pflichtversicherte, deren Einkommen dauerhaft über der Versicherungspflichtgrenze liegt und die nicht mehr versicherungspflichtig sind	• Freiberufler, z. B. Rechtsanwälte, Ärzte usw. • Unternehmer, z. B. Einzelkaufleute • Beamte
Versicherungsprinzip	Solidaritätsprinzip, d. h. alle Versicherten sind gleichgestellt	Individualprinzip, d. h. alle Versicherten genießen Versicherungsschutz, der auf den persönlichen Bedarf der Versicherten zugeschnitten ist
Träger	gesetzlichen Krankenkassen, z. B. AOK, DAK u. a.	private Versicherungsunternehmen
Finanzierung	Umlageprinzip in Verbindung mit dem Gesundheitsfonds: • Arbeitnehmerbeitrag: 7,3 % bis zur Beitragsbemessungsgrenze • Arbeitgeberbeitrag 7,3 % bis zur Beitragsbemessungsgrenze • Steuermittel aus dem Bundeshaushalt	Kapitaldeckungsverfahren: Beiträge der Versicherten; die Beitragshöhe ist abhängig vom Alter, Gesundheitszustand und Leistungsumfang. Aus den Beiträgen werden Altersrückstellungen gebildet.
Kostenabrechnung	direkte finanzielle Abrechnung zwischen den gesetzlichen Krankenversicherungen und Ärzten, Krankenhäusern sowie Apotheken	Versicherte Personen zahlen zunächst die Leistungen und erhalten danach eine Rückerstattung von der privaten Krankenversicherung.
Bildung von Altersrückstellungen	Keine erforderlich	Gesetzlich erforderlich

4. Gesetzliche Altersrente

Generationenvertrag im Umlageverfahren	Die deutsche Altersrente wird im Umlageverfahren finanziert. Dahinter verbirgt sich die stillschweigende Vereinbarung, dass eine Generation für die nächste sorgt. Die Jungen bezahlen die Renten der Alten. Gleichzeitig sorgen die Jungen für Nachwuchs, der nach der Ausbildung die Rente der dann Alten übernimmt.
Rentenformel	Grundlage der Rentenberechnung ist die sog. Rentenformel. Die Eckwerte bestimmen die Höhe der Rente. Die Rentenformel lautet: Entgeltpunkte mal Zugangsfaktor mal aktueller Rentenwert mal Rentenartfaktor.
Faktoren der Rentenformel	**Durchschnittliches Jahresbruttoeinkommen:** Die Basis bildet das durchschnittliche Einkommen. Es wird jedes Jahr vom statistischen Bundesamt festgestellt. Der mittlere Lohn lag 1969 bei umgerechnet 6.053 EUR und stieg bis 2016 auf 34.071 EUR. Der jährliche Anstieg von 4 Prozent ist die grobe Inflationsrate der vergangenen 45 Jahre. Das durchschnittliche Jahreseinkommen liefert die Entgeltpunkte. **Entgeltpunkte:** Sie werden durch die Division des persönlichen und des mittleren Jahreseinkommens ermittelt. Wer beispielsweise 1983 in Euro umgerechnet 17.022 EUR brutto verdient hat, bei einem durchschnittlichen Jahreseinkommen aller Beschäftigten in Höhe von 17.022 EUR, bekommt für dieses Jahr einen Entgeltpunkt. Wären es in dem Jahr nur 12.000 EUR gewesen, gäbe es 0,7050 Punkte, und wären es 25.000 EUR gewesen, so würden dem Rentenkonto genau 1,4687 Punkte gutgeschrieben. Für einen Verdienst von 40.000 EUR gab es 1983 keine 2,3499 Punkte, sondern nur 1,8023 Punkte, weil die Rechnung nur bis zur Beitragsbemessungsgrenze gilt, die vor 30 Jahren bei umgerechnet 30.678 EUR lag. **Rentenberechnung:** Jeder Deutsche erwirbt genau 45 Entgeltpunkte, wenn er 45 Jahre lang Durchschnittslöhne bezieht. Die Summe wird mit dem aktuellen Rentenwert von 34,19 EUR (West) oder 33,23 EUR (Ost) multipliziert und ergibt die Rente, die dem Rentenempfänger bis zum Lebensende bezahlt wird. Sie liegt im vorliegenden Musterfall bei 1.538,55 EUR (West) oder 1.495,35 EUR (Ost) pro Monat. **Rentenzugangsfaktor:** Die Höhe der tatsächlichen Altersrente kann von diesem Wert abweichen, wenn der Zugangsfaktor durch Zuschläge oder Abschläge größer oder kleiner als 1,0 ist.

5. Betriebliche Altersvorsorge

Allgemeines zur betrieblichen Altersvorsorge	Das Gros der Altersbezüge stammt aus der gesetzlichen Rentenversicherung, nämlich 64 %. Private und betriebliche Altersvorsorge werden in der Zukunft wichtiger. Derzeit machen Betriebsrenten rund 8 % der Altersbezüge aus. Zur betrieblichen Altersvorsorge zählen alle Leistungen, die Unternehmen ihren Beschäftigten zur Alters-, Invaliditäts- und Hinterbliebenenversorgung auf Basis des Betriebsrentengesetzes (BetrAVG) anbieten. Im Gesetz ist festgelegt, welche Wege der betrieblichen Altersvorsorge zulässig sind, welche Ansprüche bei Wechsel oder Verlust des Arbeitsplatzes erhalten bleiben und wie die Anwartschaften gegen eine mögliche Insolvenz des Arbeitgebers abgesichert werden müssen. Wer die Beiträge finanziert, regelt der Gesetzgeber nicht. Ob sich der Arbeitgeber daran beteiligt oder sie sogar ganz übernimmt, ist ihm überlassen. Einen Rechtsanspruch haben Arbeitnehmer seit 2002 allerdings auf Entgeltumwandlung, also eine aus ihrem Bruttogehalt gespeiste Vorsorge. Wenn Mitarbeiter diese Vorsorgeform von ihrem Arbeitgeber einfordern, muss er ein Angebot organisieren und die Abwicklung übernehmen.
Möglichkeiten der betrieblichen Altersvorsorge	- Direktzusage - Unterstützungskasse - Direktversicherung - Pensionskasse - Pensionsfonds
Direktzusage	Eine Direktzusage macht der Arbeitgeber, wenn er sich z. B. verpflichtet, seinen Mitarbeitern einen bestimmten Prozentsatz des letzten Monatsgehalts oder einen bestimmten Euro-Betrag als Betriebsrente zu zahlen. Die Beschäftigten haben also einen Rechtsanspruch gegenüber dem Arbeitgeber. Dieser muss für solche künftigen Zahlungen Rückstellungen bilden. Die Direktzusage ist keine Versicherungsleistung und wird auch nicht über eine externe Versorgungseinrichtung abgewickelt. Als Zusagearten kommen die Leistungszusage, beitragsorientierte Leistungszusage und die Entgeltumwandlung in Betracht, wobei es sich sowohl um Kapital- als auch um Rentenleistungen handeln kann. Eine Leistungszusage liegt vor, wenn das Unternehmen eine Leistung in bestimmter Höhe (z. B. eine Monatsrente von 500 Euro oder 10 v. Hundert des letzten Gehalts) zugesagt hat. Im Fall der beitragsorientierten Leistungszusage hat das Unternehmen sich verpflichtet, bestimmte Beiträge (z. B. 3 v. H. des letzten Gehalts) in eine Anwartschaft auf Alters-, Invaliditäts- oder Hinterbliebenenversorgung umzuwandeln. Bei der Entgeltumwandlung werden künftige Entgeltansprüche in

	eine wertgleiche Anwartschaft auf Versorgungsleistungen umgewandelt.
	Nach § 1a in Verbindung mit § 17 Abs. 1 Betriebsrentengesetz (BetrAVG) kann der in der gesetzlichen Rentenversicherung pflichtversicherte Arbeitnehmer vom Arbeitgeber verlangen, dass von seinem künftigen Entgeltansprüchen bis zu 4 v. H. der jeweiligen Beitragsbemessungsgrenze in der gesetzlichen Rentenversicherung durch Entgeltumwandlung für seine betriebliche Altersversorgung verwendet werden. Die Durchführung des Anspruchs des Arbeitnehmers wird durch Vereinbarung geregelt.
Unterstützungskasse	Alternativ kann der Arbeitgeber eine Unterstützungskasse beauftragen. Diese selbstständigen Versorgungseinrichtungen zahlen die vom Arbeitgeber zugesagten Betriebsrenten an die Arbeitnehmer aus. Das Vermögen der Unterstützungskassen wird durch Zuwendungen der Trägerunternehmungen und durch Erträge aus der Kapitalanlage aufgebaut. Der rechtliche Anspruch der Arbeitnehmer besteht jedoch ausschließlich gegenüber ihrem Arbeitgeber. Reicht das Kassenvermögen nicht für die versprochene Leistung aus, muss der Arbeitgeber zuschießen. Bei der über eine Unterstützungskasse durchgeführten betrieblichen Altersversorgung handelt es sich um eine mittelbare Pensionszusage, da der Arbeitgeber die Versorgungsleistungen nicht selbst gewährt, sondern dafür einen Dritten, nämlich die Unterstützungskasse einschaltet.
	Die Unterstützungskasse unterliegt nicht der Aufsicht durch das Bundesaufsichtsamt für das Versicherungswesen. Sie kann deshalb ihr Vermögen grundsätzlich frei anlegen, z. B. auch als Darlehen beim Trägerunternehmen. Trägerunternehmen ist das Unternehmen, dessen Arbeitnehmern mittels der Unterstützungskasse Leistungen zugesagt worden sind. Unterstützungskassen sind in der Rechtsform des eingetragenen Vereins (e. V.), der GmbH oder der Stiftung zulässig. Unter bestimmten Voraussetzungen sind sie von der Körperschaftsteuer und der Gewerbesteuer befreit. Als Zusagearten kommen grundsätzlich die Leistungszusage, beitragsorientierte Leistungszusage und Entgeltumwandlung in Betracht.
Direktversicherung	Wenn der Arbeitgeber die Altersvorsorge über eine Direktversicherung organisiert, schließt er mit einem Versicherungsunternehmen einen Lebens- oder Rentenversicherungsvertrag zugunsten des Arbeitnehmers ab. Bezugsberechtigt sind also der Arbeitnehmer und – im Falle seines Todes – die Hinterbliebenen. Als Versorgungsleistungen können Leistungen der Alters-, Invaliditäts- oder Hinterbliebenenversorgung in Betracht kommen. Möglich sind Kapitalversicherung (einschließlich Risikoversicherungen), Renten-

	versicherungen oder fondsgebundene Lebensversicherungen. Der Arbeitgeber gewährt die Versorgungsleistungen nicht selbst, sondern schaltet dafür einen Dritten, nämlich ein Lebensversicherungsunternehmen ein. Ein inländisches Lebensversicherungsunternehmen unterliegt dem Bundesaufsichtsamt für das Versicherungswesen und damit den Anlage- und Rechnungslegungsvorschriften des Versicherungsaufsichtsgesetzes. Als Zusagearten kommen die Leistungszusage, beitragsorientierte Leistungszusage, Entgeltumwandlung und die Beitragszusage mit Mindestleistung in Betracht. Die Finanzierung erfolgt über Beiträge des Arbeitgebers und die Erträge daraus. Eine Beteiligung der Arbeitnehmer an der Beitragszahlung (Eigenbeitrag aus versteuertem Einkommen) ist möglich, ebenso die Entgeltumwandlung.
Pensionskasse	Bietet der Arbeitgeber eine Altersvorsorge über eine Pensionskasse an, müssen die Beschäftigten dort Mitglied werden. Die Beiträge zahlt jedoch der Arbeitgeber, die Arbeitnehmer können sich daran beteiligen. Der rechtliche Anspruch der Arbeitnehmer auf die Altersversorgung besteht gegenüber der Pensionskasse. Auch Pensionskassen sind rechtlich selbstständige Versicherungsunternehmen, die ausschließlich zum Zweck der betrieblichen Altersvorsorge gegründet und von einem oder mehreren Unternehmen getragen werden. Es handelt sich um eine mittelbare Pensionszusage, da der Arbeitgeber dafür einen Dritten, nämlich die Pensionskasse einschaltet. Es gibt betriebliche Pensionskassen und überbetriebliche Pensionskassen. Die Pensionskassen haben die Rechtsform eines Versicherungsvereins auf Gegenseitigkeit (VVaG). Die inländische Pensionskasse unterliegt der Versicherungsaufsicht und den Anlage- und Rechnungslegungsvorschriften des Versicherungsaufsichtsgesetzes. Sie sind unter bestimmten Voraussetzungen von der Körperschaft- und Gewerbesteuer befreit. Als Zusagearten kommen die Leistungszusage, beitragsorientierte Leistungszusage, Entgeltumwandlung und die Beitragszusage mit Mindestleistung in Betracht.
Pensionsfonds	Die fünfte Organisationsform sind Pensionsfonds. Wie die Direktversicherungen und die Pensionskassen werden die unabhängigen Pensionsfonds von Arbeitgebern vor allem dann eingesetzt, wenn sie mit ihren Beschäftigten keine konkrete Höhe der Betriebsrente vereinbart haben, sondern die Einzahlung bestimmter Beiträge. Diese sog. Beitragszusage ist aber immer mit einer Mindestleistung verknüpft, die zumindest den Erhalt der Einzahlungen garantiert. Ein wichtiger Unterschied zur Pensionskasse: Pensionsfonds sind keine Versicherungsunternehmen. Deshalb dürfen die Fonds bei

	der Vermögensanlage größere Risiken eingehen als Lebensversicherer. So sind höhere Renditen möglich, aber auch die Gefahr von Verlusten steigt. Eingeschränkt sind die Fonds dadurch, dass sie das angesammelte Kapital nicht auf einmal auszahlen dürfen. Sie bieten daher nur Rentenverträge und Auszahlungspläne an. Wie bei den Pensionskassen haben die Arbeitnehmer den Anspruch auf die Versorgungsleistungen an den Fonds und nicht an ihren Arbeitgeber. Ein Pensionsfonds ist eine rechtsfähige Versorgungseinrichtung, die im Wege des Kapitaldeckungsverfahrens ausschließlich Altersversorgungsleistungen für einen oder mehrere Arbeitgeber zugunsten von Arbeitnehmern erbringt. Die Höhe der Altersversorgungsleistungen oder die Höhe der für diese Leistungen zu entrichtenden Beiträge sagt der Pensionsfonds nicht für alle vorgesehenen Leistungsfälle zu. Der Pensionsfonds räumt den Arbeitnehmern einen eigenen Anspruch auf Leistungen gegen den Pensionsfonds ein. Der Pensionsfonds ist verpflichtet, zugunsten des Arbeitnehmers die Altersversorgungsleistung in jedem Fall als lebenslange Altersrente zu erbringen. Neben Altersrenten kann auch eine Invaliden- und Hinterbliebenenversorgung gewährt werden. Es kann auch ein Auszahlungsplan mit Restverrentung vereinbart werden. Als Rechtsform sind die AG und der Pensionsfonds-Verein auf Gegenseitigkeit zulässig. Pensionsfonds unterliegen der Versicherungsaufsicht. Ihnen ist im Gegensatz zu Pensionskassen und Direktversicherungen eine risikobehaftete Anlagepolitik gestattet.
Staatliche Förderung	**Nachgelagerte Besteuerung:** Die betriebliche Altersvorsorge wird durch die sog. nachgelagerte Besteuerung attraktiv gemacht. Wie für die Riester-Rente können die Beiträge während der Berufstätigkeit bis zu einer bestimmten Höchstgrenze steuerfrei eingezahlt werden. Im Ruhestand müssen dafür die vollen Renten versteuert werden. Da jedoch der Steuersatz dann meist niedriger ist als während des Erwerbslebens, ist die nachgelagerte Besteuerung in der Regel von Vorteil. **Steuerfreibeträge:** Die Höhe der steuerlichen Freibeträge hängt davon ab, welcher Weg für die betriebliche Altersvorsorge gewählt wurde. Jene Beiträge, die in eine Pensionskasse, einen Pensionsfonds oder eine Direktversicherung fließen, sind bis zu einer Höhe von 4 % der Beitragsbemessungsgrenze in der gesetzlichen Rentenversicherung steuerfrei. Für alle nach 2004 geschlossenen Neuverträge kommt ein weiterer Freibetrag von 1.800 Euro im Jahr hinzu.

6. Arbeitslosengeld

Arbeitslosengeld I

Arbeitslosengeld I, auch ALG I genannt, ist im Gegensatz zu Hartz IV keine Sozialleistung, sondern ein sozialversicherungsrechtlicher Anspruch. Hauptvoraussetzung für den Bezug von Arbeitslosengeld: In einer Rahmenfrist, die vor der Arbeitslosigkeit liegt und zwei Jahre beträgt, muss mindestens 360 Tage beitragspflichtig gearbeitet worden sein, d. h. Beiträge zur Arbeitslosenversicherung gezahlt worden sein. Arbeitslosengeld können nur diejenigen beziehen, die in einem beitragspflichtigen Beschäftigungsverhältnis gearbeitet haben. Arbeitslose Beamte oder Freiberufler können dies nicht. Arbeitslosengeld wird nicht sofort nach Beendigung des Beschäftigungsverhältnisses gezahlt, wenn zu diesem Zeitpunkt die maßgeblichen Kündigungsfristen nicht eingehalten werden. Es wird dann zu einem späteren Zeitpunkt gezahlt.

Voraussetzungen für den Anspruch auf Arbeitslosengeld:
- man muss arbeitslos sein,
- man muss die Anwartschaftszeit erfüllt haben und
- man muss sich persönlich arbeitslos gemeldet haben.

7. Sicherheitsbeauftragter

Sicherheits-beauftragter	Der Sicherheitsbeauftragte gibt Anstöße zur Verbesserung der Arbeitssicherheit und des Gesundheitsschutzes und informiert über Sicherheitsprobleme. Seine Rechtsgrundlage befindet sich im § 22 Sozialgesetzbuch VII.
Aufgaben	• Der Sicherheitsbeauftragte unterstützt den Unternehmer in Fragen des Arbeits- und Gesundheitsschutzes am Arbeitsplatz. • Er deckt Unfall- und Gesundheitsgefahren auf und wirkt auf deren Beseitigung hin. • Ferner unterbreitet er im Bereich des Arbeits- und Gesundheitsschutzes Verbesserungsvorschläge. • In diesen Fragen ist er auch Ansprechpartner für die Mitarbeiterinnen und Mitarbeiter. • Der Sicherheitsbeauftragte wird innerhalb seines Beschäftigungsverhältnisses beobachtend und beratend als Hilfsperson des Unternehmers tätig. Er darf allerdings keine Anweisungen geben oder korrigierende Maßnahmen ergreifen. Die Verantwortlichkeit im Bereich des Arbeits- und Gesundheitsschutzes trägt allein der Unternehmer.
Rechte des Sicherheits-beauftragten	Der Sicherheitsbeauftragte hat das Recht • an Aus- und Fortbildungsseminaren zum Arbeits- und Gesundheitsschutz teilzunehmen, • an Betriebsbegehungen durch die Berufsgenossenschaft oder staatliche Aufsichtsbehörden teilzunehmen, • über Unfälle im Unternehmen informiert zu werden, • im Arbeitsschutzausschuss mitzuwirken.
Arbeitsschutz-ausschuss	Der Arbeitsschutzausschuss ist ein Kommunikationsforum, in dem unterschiedliche Funktionsträger eines Unternehmens Arbeitsschutzthemen erörtern, Maßnahmen beraten und Entscheidungen vorbereiten. Nach § 11 ASiG setzt sich der Arbeitsschutzausschuss (ASA) aus folgenden Mitgliedern zusammen: • Arbeitgeber oder einem von ihm Beauftragten, • Fachkräfte für Arbeitssicherheit • Betriebsärzte, • Sicherheitsbeauftragte, • zwei vom Betriebsrat bestimmte Betriebsratsmitglieder, • fallweise Experten und Verantwortliche aus den betrachteten Betriebsbereichen. • Nach § 95 Abs. 4 SGB IX hat die Schwerbehindertenvertretung das Recht, an allen Sitzungen des ASA beratend teilzunehmen. Der ASA hat die Aufgabe, Anliegen des Arbeitsschutzes und der Unfallverhütung zu beraten. Der ASA tritt mindestens einmal vierteljährlich zusammen. Der Hauptnutzen eines effektiven ASA ist der ungestörte Betriebsablauf. Seine Effizienz hängt wesentlich von der betrieblichen Kommunikationskultur ab. Je besser betriebliche Entscheider und Arbeitsschutz-Experten sich austauschen, desto reibungsloser gelingt die Umsetzung von Arbeitsschutzzielen.

D Kollektives Arbeitsrecht

1. Tarifvertrag

Rechtsgrundlage zum Tarifvertrag	Der Tarifvertrag ist nach dem Tarifvertragsgesetz (TVG) ein bürgerlichrechtlicher Vertrag zwischen Parteien mit Tariffähigkeit zur Regelung ihrer Rechte und Pflichten (schuldrechtlicher Teil) und zur Festsetzung von arbeitsrechtlichen Normen (normativer Teil). Der Tarifvertrag bedarf grundsätzlich der Schriftform.
Tarifvertragsparteien	Tarifvertragsparteien sind • auf der Arbeitnehmerseite die Gewerkschaften, • auf der Arbeitgeberseite die Arbeitgeberverbände (Verbandstarifvertrag) und einzelne Arbeitgeber (Haus-, Werk- oder Firmentarifvertrag).
Registrierung	Abschluss, Änderung und Aufhebung des Tarifvertrags werden in einem Tarifregister eingetragen, das beim Bundesministerium für Arbeit geführt wird. In den Bundesländern werden gleichfalls Tarifregister geführt. Die Eintragung in das Tarifregister ist nicht Wirksamkeitserfordernis des Tarifvertrags.
Normative Bestimmungen	Es sind Rechtsnormen zur Regelung der Rechtsverhältnisse der Mitglieder der beteiligten Tarifvertragsparteien, vor allem der Arbeitsverhältnisse und Arbeitsbedingungen. Sie dürfen nicht gegen zwingendes staatliches Recht verstoßen. Sie sind unabdingbar, können also nicht durch Vereinbarung der Arbeitsvertragsparteien zuungunsten des Arbeitnehmers abgeändert werden (Günstigkeitsprinzip). Die Wirkung der Normativbestimmungen ist nach Geltungsbereichen unterschiedlich: • **Zeitlicher Geltungsbereich**: Dieser deckt sich mit der Laufzeit des Tarifvertrags. • **Räumlicher Geltungsbereich**: Er ist von den Tarifvertragsparteien beliebig abzugrenzen für das Gebiet, in dem sie satzungsmäßig zuständig sind. Je nach Größe des Tarifgebietes unterscheidet man Orts-, Bezirks-, Landes- und Bundestarife. • **Sachlicher Geltungsbereich**: Dieser kann sich betrieblich oder fachlich bestimmen, grundsätzlich für einen ganzen Wirtschaftszweig (z. B. Großhandel, Einzelhandel, Metallindustrie). Bei gemischten Betrieben entscheidet der im Betrieb überwiegende Betriebszweck.
Schuldrechtliche Bestimmungen	Es sind Abreden, die das Rechtsverhältnis der Parteien des Tarifvertrags untereinander regeln. • **Friedenspflicht**: Sie ist gegenseitige Verpflichtung zur Wahrung des Arbeitsfriedens. Sie verbietet Kampfmaßnahmen, die sich gegen den Bestand des Tarifvertrags richten, wenn mit ihnen die vorzeitige Aufhebung oder Änderung eines Tarifvertrags oder einzelner Teile bezweckt wird.

	• **Einwirkungspflicht**: Sie ist die Verpflichtung der Tarifvertragsparteien, auf ihre Verbandsmitglieder im Sinn eines tarifgemäßen Verhaltens einzuwirken. Sie verpflichtet jedoch nicht zum Eingreifen gegen tarifwidriges Verhalten im Einzelfall, sondern nur bei der Verletzung kollektiver Interessen. Bei Verletzung der Friedens- und Einwirkungspflicht entstehen Schadensersatzansprüche.
Beendigung	• Ein Tarifvertrag endet mit Ablauf der vereinbarten Zeit. • Er kann auch von den Parteien des Tarifvertrags aufgehoben oder durch einen neuen Tarifvertrag ersetzt werden. • Viele Tarifverträge sehen die Möglichkeit einer befristeten Kündigung vor. • Den Tarifgebundenen gegenüber entfällt mit dem Ende des Tarifvertrags noch nicht jede Wirkung. Gemäß § 4 V TVG gelten die Rechtsnormen - nicht dagegen die schuldrechtlichen Vereinbarungen - eines Tarifvertrags nach dessen Ablauf weiter, bis sie durch eine andere Abmachung ersetzt werden.

2. Arten von Tarifverträgen

Begriff	Der Tarifvertrag ist ein schriftlicher Vertrag, der von einer Gewerkschaft mit einem Arbeitgeberverband oder einem einzelnen Arbeitgeber abgeschlossen wird. Er enthält Rechtsnormen, die den Inhalt, den Abschluss und die Beendigung von Arbeitsverhältnissen sowie betriebliche und betriebsverfassungsrechtliche Fragen ordnen (**normativer Teil**) und regelt die Rechte und Pflichten der Tarifvertragsparteien (**schuldrechtlicher Teil**). Bestandteil des Tarifvertrags ist die sog. **Friedenspflicht**, d. h. es wird den Tarifvertragsparteien verboten, die vereinbarten Regelungen während der Vertragsdauer durch Kampfmaßnahmen zu ändern. Ergänzt wird die Friedenspflicht durch die sog. **Durchführungspflicht**, die es den Tarifvertragsparteien zur Aufgabe macht, darauf einzuwirken, dass die von ihnen vereinbarten Regelungen durchgeführt werden (Vertragstreue).
Tarifgebundenheit	Sie regelt, wer den tarifvertraglichen Rechtsnormen unterliegt. Sie ist vom persönlichen Geltungsbereich, den die Tarifvertragsparteien für ihre Regelung vereinbaren, zu unterscheiden. Tarifgebunden sind der Arbeitgeber, der selbst Partei des Tarifvertrags ist, und die Mitglieder der Tarifvertragsparteien. Die Tarifgebundenheit knüpft an die Tarifverbandszugehörigkeit der Arbeitgeber und Arbeitnehmer an. Tarifgebunden ist nur, wer durch seinen Beitritt zu dem Tarif schließenden Verband zugleich den Zweck der Vereinigung billigt, Tarifverträge für seine Mitglieder abzuschließen.
Firmentarifvertrag	Der Tarifvertrag wird mit einem einzelnen Arbeitgeber abgeschlossen Man bezeichnet ihn auch als Haustarifvertrag.
Verbandstarifvertrag	Dieser Tarifvertrag wird mit einem Arbeitgeberverband abgeschlossen, in seinem Geltungsbereich aber auf einen bestimmten Betrieb oder ein bestimmtes Unternehmen beschränkt.

D Kollektives Arbeitsrecht

Flächentarifvertrag	Der Flächentarifvertrag ist ein Tarifvertrag, der sich auf tarifgebundene Unternehmen einer bestimmten Branche in einem bestimmten Geltungsbereich, z. B. Bundesrepublik Deutschland, bezieht.
Manteltarifvertrag	Die allgemeinen Bestimmungen, insbesondere die Regelung über die Gehalts- und Lohngruppen, sind i. d. R. in einem Manteltarifvertrag vereinbart. Ferner enthält er eine Arbeitszeitregelung, in der die Dauer der regelmäßigen Wochenarbeitszeit sowie die Festlegung von Überstunden festgesetzt ist. Ferner findet sich in den meisten Manteltarifverträgen Regelungen zum Erholungsurlaub und zu den Kündigungsfristen. So ist die Dauer des Erholungsurlaubs meist tarifvertraglich geregelt und wesentlich höher als nach dem Bundesurlaubsgesetz.
Lohn- und Gehaltstarifvertrag	Er enthält die Höhe der Arbeitsentgelte sowie die Höhe der Ausbildungsvergütungen.
Bezugnahmeklausel, statische Verweisung auf Arbeitsvertrag	Die Arbeitsvertragsparteien können frei darüber bestimmen, ob ein bereits bestehender Tarifvertrag einbezogen werden soll (statische Verweisung) oder ob die jeweils gültige Fassung eines bestimmten Tarifvertrages maßgebend sein soll (dynamische Verweisung). Die dynamische Verweisung kann darin bestehen, dass auf den Tarifvertrag in seiner jeweils gültigen Fassung Bezug genommen wird, in dessen Geltungsbereich der Arbeitnehmer bei Begründung des Arbeitsverhältnisses fällt.
Stufentarifvertrag	Er ist ein Tarifvertrag, der eine Veränderung der Arbeitsbedingungen in mehreren Schritten vorsieht (zum Beispiel Lohnerhöhungen, Arbeitszeitverkürzungen, Verlängerung des Urlaubs). Die Stufentarifverträge werden unter anderem abgeschlossen, um einen Arbeitgeber oder ein Tarifgebiet stufenweise an das Niveau eines anderen Tarifvertrages heranzuführen.

3. Koalitionsfreiheit und Tarifautonomie

Koalitionsfreiheit	Art. 9 Abs. 3 Satz 1 und 2 Grundgesetz bestimmt: „Das Recht, zur Wahrung und Förderung der Arbeits- und Wirtschaftsbedingungen Vereinigungen zu bilden, ist für jedermann und für alle Berufe gewährleistet. Abreden, die dieses Recht einschränken, oder zu behindern suchen, sind nichtig, hierauf gerichtete Maßnahmen sind rechtswidrig". Während die Vereinsfreiheit nur allen Deutschen garantiert wird, besteht die Koalitionsfreiheit für jedermann, ist also verfassungsrechtlich als Menschenrecht ausgestaltet.
Tarifautonomie	Das Grundrecht der Koalitionsfreiheit stützt vor allem das Recht der Koalitionen, durch spezifisch koalitionsmäßige Betätigung die in Art. 9 Abs. 3 Grundgesetz genannten Zwecke zu verfolgen, nämlich die Arbeits- und Wirtschaftsbedingungen ihrer Mitglieder zu wahren und zu fördern. Unter die Verfassungsgarantie fällt deshalb die Tarifautonomie. Dies gilt nur für die privatrechtliche Ordnung des Arbeitslebens. Für Beamte gilt die Tarifautonomie nicht. Der Staat ist gehal-

	ten, den frei gebildeten Koalitionen die Möglichkeit zu eröffnen, insbesondere Löhne und sonstige materielle Arbeitsbedingungen in einem von staatlicher Rechtssetzung frei gelassenen Raum in eigener Verantwortung im Wesentlichen ohne staatliche Einflussnahme durch unabdingbare Gesamtvereinbarungen sinnvoll zu ordnen. Zu den Funktionsvoraussetzungen der Tarifautonomie gehört der Arbeitskampf. Könnten die Gewerkschaften um den Abschluss eines Tarifvertrags keinen Streik führen, so wären weder das Zustandekommen noch die inhaltliche Sachgerechtigkeit tariflicher Regelungen gewährleistet. Das Streikrecht ist zwar kein Grundrecht; es fällt aber unter die Koalitionsbetätigungsgarantie, soweit es der Herstellung und Sicherung des Verhandlungsgleichgewichts dient, ohne dass die Tarifautonomie nicht funktionieren kann. Die Parität erfordert jedoch auch die Anerkennung der Aussperrung als Kampfmittel der Arbeitgeber. Tarifvertrag und Arbeitskampf stehen also in einem Funktionszusammenhang.
Tariffähigkeit	Parteien eines Tarifvertrages können auf der Arbeitnehmerseite nur Gewerkschaften, auf der Arbeitgeberseite einzelne Arbeitgeber und Vereinigungen von Arbeitgebern sein (§ 2 Abs. 1 Tarifvertragsgesetz). Ein Verband ist nur tariffähig, wenn er als Arbeitgeber- oder als Arbeitnehmervereinigung sich selbst zur Aufgabe gesetzt hat, Tarifverträge abzuschließen. Voraussetzungen: • freiwilliger Zusammenschluss • auf Dauer angelegt • überbetrieblich organisiert • demokratisch organisiert • Gegnerunabhängigkeit • gegnerfrei • tarifwillig • Durchsetzungsfähigkeit (Streikkasse)
Tarifzuständigkeit	Welchen räumlichen, betrieblichen, fachlichen und persönlichen Geltungsbereich ein Tarifvertrag hat, regelt die Zuständigkeit des Tarifvertrags. Die Tarifvertragsparteien müssen demnach auch tarifzuständig sein.
Tarifbezug im Arbeitsvertrag	Sind die Tarifvertragsparteien nicht tarifgebunden, so haben die Tarifnormen, wenn der Tarifvertrag nicht für allgemeinverbindlich erklärt ist oder aufgrund einer Rechtsverordnung Anwendung findet, für den Inhalt des Arbeitsverhältnisses keine Tarifgeltung. Da die meisten Arbeitsverhältnisse aber heute in ihrer Eigenart und Besonderheit nicht durch Gesetz sondern durch Tarifvertrag geregelt sind, werden Tarifverträge, die innerhalb eines Wirtschaftszweiges die maßgebliche Ordnung für die Gestaltung der Arbeitsbeziehungen festlegen, im Allgemeinen auch den Arbeitsverhältnissen mit nicht tarifgebundenen Arbeitnehmern zugrunde gelegt. Die Tarifnormen gelten in diesem Fall aber nicht normativ, sondern entweder als Bestandteil des Einzelarbeitsvertrags oder aufgrund betrieblicher

	Übung. Sie haben deshalb auch keinen Vorrang vor einer abweichenden Vertragsgestaltung, sondern gelten im Gegenteil nur nach Maßgabe des Arbeitsvertrags für den Vertragsinhalt.
Funktionen des Tarifvertrages	• **Friedensfunktion**: Mit Abschluss des Tarifvertrages wird die Pflicht der Tarifvertragsparteien begründet, die im Tarifvertrag festgelegte Ordnung während ihrer Geltung nicht durch Kampfmaßnahmen in Frage zu stellen (Vertragstreue). • **Schutzfunktion**: Der Tarifvertrag soll den einzelnen Arbeitnehmer davor schützen, dass der wirtschaftlich stärkere Arbeitgeber bei der Festlegung der Arbeitsbedingungen einseitig eine Forderung durchsetzt. Er dient damit der Chancengleichheit zwischen Arbeitnehmer- und Arbeitgeberseite. • **Ordnungsfunktion**: Die Tarifverträge führen zu einer Typisierung der Arbeitsverträge, zu einer Überschaubarkeit der Personalkosten und damit zu einer autonomen Ordnung des Arbeitslebens.
Tariflohn	Die allgemeinen Bestimmungen, insbesondere die Regelungen über die Gehalts- und Lohngruppen, sind i. d. R. im Manteltarifvertrag vereinbart, während die Höhe des Arbeitsentgelts in besonderen Lohn- und Gehaltstarifverträgen geregelt sind.
Tarifeinheit	In Deutschland gilt das Gesetz zur Tarifeinheit (Tarifeinheitsgesetz). Es sieht vor, dass bei kollidierenden Tarifverträgen in einem Betrieb nur die Rechtsnormen des Tarifvertrags derjenigen Gewerkschaft anwendbar sind, die zum Zeitpunkt des Abschlusses des zuletzt abgeschlossenen Tarifvertrags im Betrieb die meisten Mitglieder hat (§ 4 a Tarifvertragsgesetz). Unter dem Begriff Tarifeinheit wird der Rechtsgrundsatz verstanden, dass in einem Arbeitsverhältnis oder in einem Betrieb nur ein Tarifvertrag anzuwenden ist. Es handelt sich um eine Kollisionsregelung für den Fall der Tarifkonkurrenz in einem Arbeitsverhältnis (Tarifeinheit im Arbeitsverhältnis) oder für den Fall der Tarifpluralität in einem Betrieb (Tarifeinheit im Betrieb), also für solche Fälle, in denen mehrere Tarifverträge auf denselben Sachverhalt anwendbar sind.
Gesetzlicher Mindestlohn	Ein allgemeiner gesetzlicher Mindestlohn (Mindestarbeitsentgelt) beträgt aktuell 10,45 EUR, ab 1.10.2022 12,00 EUR pro Arbeitsstunde brutto. Für einzelne Branchen gab es bereits aufgrund des Arbeitnehmerentsendegesetzes branchenspezifische Mindestlöhne. Mindestlöhne gelten unabhängig von deren Tarifbindung für alle Arbeitnehmer der jeweiligen Branche. Darüber hinaus stellen die Entgeltbestimmungen eines Tarifvertrages, die auf die Arbeitsverhältnisse der tarifgebundenen Arbeitnehmer anzuwenden sind, für die tarifgebundenen Arbeitnehmer einen „Mindestlohn" dar.

4. Tarifverhandlungen

Tarifverhandlungen	• Die Gewerkschaften erheben Forderungen (mehr Lohn, mehr Urlaub, kürzere Arbeitszeiten, verbesserter Kündigungsschutz, Übernahme von Auszubildenden in ein unbefristetes Arbeitsverhältnis etc.), die sie mit den Arbeitgebern bzw. Arbeitgebervereinigungen verhandeln. • Einigt man sich im Rahmen dieser Verhandlung, wird ein neuer Tarifvertrag abgeschlossen, der für eine bestimmte Zeit (z. B. ein Jahr) Gültigkeit besitzt. • Während dieser Zeit sind die Tarifpartner zum Arbeitsfrieden verpflichtet, dürfen also keine Kampfmaßnahmen wie etwa Streik oder Aussperrung ergreifen. • Einigt man sich nicht, werden die Verhandlungen für gescheitert erklärt. • Man kann dann mit Hilfe eines unbeteiligten Dritten (z. B. Richter, Politiker), der kein Vertreter der Bundesregierung sein sollte, versuchen, einen Kompromiss zu finden. • Wird dieser erreicht, kommt es zum Abschluss eines neuen Tarifvertrages. • Scheitert die Schlichtung, setzt die Gewerkschaft eine Urabstimmung an, bei der die Arbeitnehmer entscheiden müssen, ob sie streiken wollen. Das Quorum liegt i. d. R. bei 75 % der organisierten Mitglieder. • Auf einen Streik können die Arbeitgeber mit Aussperrung reagieren; d. h., auch die Arbeitnehmer, die nicht streiken wollen, dürfen während der Arbeitszeit nicht arbeiten. • Der Streik endet, wenn in neuen Verhandlungen ein Kompromiss gefunden worden ist und • 25 % der Arbeitnehmer plus eine Stimme in einer zweiten Urabstimmung dem Kompromiss zustimmen. • Ein neuer Tarifvertrag kann dann in Kraft treten.
Arbeitskampfmaßnahmen	• Streik • Aussperrung
Streik	Mit Streik bezeichnet man die gemeinsam durchgeführte Arbeitsniederlegung einer Mehrzahl von Arbeitnehmern. Der Streik ist vor allem die Verweigerung, die Arbeitspflicht zu erfüllen. Zu ihr gehört das Fernbleiben vom Arbeitsplatz. Ein Streik kann auch dadurch bestehen, dass Arbeitnehmer übermäßig langsam **(Bummelstreik)** oder übermäßig sorgfältig **(Dienst nach Vorschrift)** arbeiten, sodass der Arbeitgeber keinen wirtschaftlichen Nutzen aus der Arbeit ziehen kann. Bei einem arbeitsrechtlichen Streik ist der Adressat die Arbeitgeberseite. Man unterscheidet nach der Form der Druckausübung zur Erreichung der Kampfforderung den **Erzwingungsstreik**, durch den die Kampfforderungen unmittelbar durchgesetzt werden sollen, und den **Warnstreik**, der die Entschlossenheit der Arbeitnehmer erkun-

D Kollektives Arbeitsrecht

	det, einen Erzwingungsstreik zu führen, wenn ihre Forderungen nicht erfüllt werden. Nach der Organisation unterscheidet man zwischen dem **von einer Gewerkschaft organisierten Streik** und dem nichtgewerkschaftlichen Streik, der als „**wilder Streik**" bezeichnet wird. Hinsichtlich der Taktik kann der Streik ein **Flächenstreik** sein, bei dem alle Arbeitnehmer eines Kampfgebiets zur Arbeitsniederlegung aufgerufen werden. Bei einem **Teilstreik** wird nur ein Teil der Arbeitnehmer der bestreikten Betriebe innerhalb eines Kampfgebiets in die Arbeitsniederlegung einbezogen. Er wird als **Schwerpunktstreik** bezeichnet, wenn lediglich die Arbeitnehmer, die in den Betrieben eine Schlüsselstellung einnehmen, die Arbeit niederlegen oder in den Streik nur Betriebe einbezogen werden, die für andere Betriebe notwendiges Vormaterial liefern oder die Energieversorgung sicherstellen. Der Arbeitskampf muss nach dem Bundesverfassungsgericht die Ultima Ratio sein. Solange die Tarif- und Schlichtungsverhandlungen zwischen den Tarifvertragsparteien noch nicht beendet sind, darf mit einem Streik noch nicht begonnen werden, auch wenn die tarifvertragliche Friedenspflicht bereits abgelaufen ist. Jede Arbeitskampfmaßnahme darf deshalb nur nach Ausschöpfung aller Verhandlungsmöglichkeiten ergriffen werden. Wer seine Arbeit niederlegt, um einen Streikbefehl der Gewerkschaft zu folgen, handelt bei Rechtmäßigkeit des Streik nicht pflichtwidrig. Streikende Arbeitnehmer haben für die Zeit ihrer Arbeitsniederlegung keinen Anspruch auf das Arbeitsentgelt.
Aussperrung	Die Aussperrung ist die planmäßig durchgeführte Nichtzulassung einer Gruppe von Arbeitnehmern zur Arbeitsleistung unter Verweigerung des Arbeitsentgelts, um dadurch ein bestimmtes Ziel zu erreichen. Sie ist das Kampfmittel der Arbeitgeberseite. Die **Aussperrung** kann ein einzelner Arbeitgeber vornehmen oder ein Arbeitgeberverband als **Verbandsaussperrung**. Es können nur **Arbeitnehmergruppen** aber keine einzelnen Arbeitnehmer ausgesperrt werden.

5. Tarifvereinbarungen und Betriebsvereinbarungen

Betriebs- vereinbarungen	• Die Betriebsvereinbarungen sind in § 77 Abs. 2 bis 6 Betriebsverfassungsgesetz geregelt. • Die Betriebsvereinbarung ist die Einigung zwischen Arbeitgeber und Betriebsrat. • Sie vermeidet durch textliche Festlegung Unklarheiten. Sie sind schriftlich abzufassen, von beiden Seiten zu unterzeichnen und im Betrieb an geeigneter Stelle öffentlich zugänglich zu machen. • In den Betriebsvereinbarungen können neben den notwendigen Einigungen in Mitbestimmungsfällen (z. B. betriebliche Ordnung, Arbeitszeitregelung) auch andere nicht mitbestimmungspflichtige Fragen geregelt werden (sog. freiwillige Betriebsvereinbarungen, u. a. Errichtung von Sozialeinrichtungen oder Vereinbarungen über Gratifikationen oder

	andere Leistungen des Arbeitgebers).
	• Betriebsvereinbarungen können wie Tarifverträge schuldrechtliche und normative Bestimmungen enthalten. Die schuldrechtlichen Bestimmungen begründen Rechte und Pflichten nur zwischen den Betriebspartnern. Die normativen Bestimmungen können den Inhalt der Arbeitsverhältnisse der im Betrieb beschäftigten Arbeitnehmer (auch in Form von Verboten, etwa dem Verbot von Arbeit auf Abruf), den Abschluss und die Beendigung der Arbeitsverhältnisse, das betriebliche Rechtsverhältnis zwischen Arbeitgeber und Belegschaft (Betriebsnormen, z. B. Bestimmungen über zusätzliche Schutzvorrichtungen an Maschinen) und betriebsverfassungsrechtliche Fragen regeln.
	• Die Rechtsnormen der Betriebsvereinbarungen gelten unmittelbar (also ohne besondere vertragsrechtliche Umsetzung) und zwingend. Dabei werden abweichende Vertragsabreden durch günstigere Betriebsvereinbarungen für die Dauer ihrer Wirkung verdrängt und es kann von den Normen der Betriebsvereinbarungen zugunsten des einzelnen Arbeitnehmers oder der Belegschaft abgewichen werden (Günstigkeitsprinzip).
Tarifvertragliche Vereinbarungen	• Der Tarifvertrag ist ein schriftlicher Vertrag, der von einer Gewerkschaft mit einem Arbeitgeberverband oder einem einzelnen Arbeitgeber abgeschlossen wird.
	• Er enthält nach § 1 Tarifvertragsgesetz Rechtsnormen, die den Inhalt, den Abschluss und die Beendigung von Arbeitsverhältnissen sowie betriebliche und betriebsverfassungsrechtliche Fragen ordnen (normativer Teil) und regelt die Rechte und Pflichten der Tarifvertragsparteien (schuldrechtlicher Teil).
	• Die Besonderheit des Tarifvertrags wird durch seinen normativen Teil geprägt, der bei Tarifgebundenheit eine normative Wirkung auf die Arbeitsverhältnisse entfaltet.
	• Zur Rechtsverbindlichkeit gehört, ohne dass es einer ausdrücklichen Vereinbarung bedarf, die sog. Friedenspflicht, die den Tarifvertragsparteien gebietet, die von ihnen vereinbarten Regelungen als rechtsverbindlich anzuerkennen, und ihnen daher verbietet, sie während der Dauer des Vertrags durch Kampfmaßnahmen zu ändern.
	• Hinzu kommt die sog. Durchführungspflicht, die die Tarifvertragsparteien verpflichtet, darauf einzuwirken, dass die von ihnen vereinbarten Regelungen durchgeführt werden.

6. Vergleich Arbeitsvertrag, Betriebsvereinbarung und Tarifvertrag

Merkmale	Arbeitsvertrag	Betriebsvereinbarung	Tarifvertrag
Rechtsgrundlage	§ 611 ff. BGB (Dienstvertrag) sowie andere Arbeitsgesetze wie z. B. Kündigungsschutzgesetz, Jugendarbeitsschutzgesetz, Mutterschutzgesetz	Betriebsverfassungsgesetz	Tarifvertragsgesetz und Art. 9 GG

D Kollektives Arbeitsrecht

Merkmale	Arbeitsvertrag	Betriebsvereinbarung	Tarifvertrag
Vertragspartner	Arbeitgeber und Arbeitnehmer	Geschäftsführung und Betriebsrat	Gewerkschaften, Arbeitgebervereinigungen oder einzelne Arbeitgeber
Formvorschriften	Formfreiheit, allerdings nach § 2 NachwG müssen dem Arbeitnehmer spätestens einen Monat nach Vertragsschluss die vertragswesentlichen Inhalte unterschrieben von dem Arbeitgeber ausgehändigt werden.	Schriftform nach § 77 BetrVG	Schriftform nach § 1 TVG
Inhalt	Pflichten von Arbeitgeber und Arbeitnehmer, z. B. Arbeitspflicht und Lohnzahlungspflicht	Betriebliche Regelung der Arbeitsbedingungen, z. B. Festlegung eines Lohnzahlungszeitpunkts, Festlegung der betrieblichen Arbeitszeit usw.	Er enthält Rechtsnormen, die den Inhalt, Abschluss und die Beendigung von Arbeitsverhältnissen sowie betriebliche und betriebsverfassungsrechtliche Fragen ordnen (normativer Teil) und regelt die Rechte und Pflichten der Tarifvertragsparteien (schuldrechtlicher Teil), z. B. wöchentliche Arbeitszeit, tariflicher Mindestlohn, Definition von Tarifgruppen, Urlaubsansprüche sowie Kündigungsregelungen von Arbeitsverhältnissen
Arten	- unbefristete Arbeitsverträge - befristete Arbeitsverträge		- Lohn- und Gehaltstarifvertrag - Manteltarifvertrag - Verbandstarifvertrag - Haustarifvertrag
Kündigungsregelungen	- § 622 BGB: vier Wochen zum 15. eines Monats oder zum Monatsultimo - § 17 MTV: sechs Wochen zum Quartalsende - § 15 Befristungsgesetz: Der Arbeitsvertrag endet mit Ablauf der vereinbarten Zeit	§ 77 BetrVG: Kündigung der Betriebsvereinbarung unter Beachtung einer Kündigungsfrist von drei Monaten	Kündigung unter Einhaltung einer Kündigungsfrist von z. B. drei Monaten

MIX
Papier aus verantwortungsvollen Quellen
Paper from responsible sources
FSC® C105338

If you have any concerns about our products,
you can contact us on
ProductSafety@springernature.com

In case Publisher is established outside the EU,
the EU authorized representative is:
**Springer Nature Customer Service Center GmbH
Europaplatz 3, 69115 Heidelberg, Germany**

Printed by Libri Plureos GmbH
in Hamburg, Germany